LES TROIS
MOINES

IMPRIMERIE DE LEBÉGUE,
RUE DES RATS, n° 14.

Je ne puis vivre sans toi.

LES TROIS MOINES,

Par M. de FAVROLLES,

AUTEUR DES CAPUCINS, OU LE SECRET DU CABINET NOIR, etc. etc.

NOUVELLE ÉDITION,

REVUE ET CORRIGÉE.

TOME SECOND.

PARIS,
THÉODORE DABO, LIBRAIRE,
place Saint-Germ...

BORDEAUX,
FÉRET, Libraire, quai de Bou...

1815.

LES TROIS MOINES.

Plusieurs mois se passèrent ainsi ; et Anselme, toujours bien reçu dans le palais, mangeait très-souvent avec le prince et sa chère Élisa, qui l'aimait bien plus qu'elle n'osait se l'avouer : aussi craignait-elle le retour de l'ami de son père, et elle ne trouvait d'autre avantage à l'indiscrète promesse qu'il avait faite de sa main, que la certitude que si cet ami ne lui présentait pas son fils, elle serait libre à vingt-cinq ans. Pour le prince, il ne pouvait se consoler de ne pas le revoir : mon plus grand chagrin, disait-il, c'est qu'il ignore mon rang et ne sache pas comment je m'appelle;

car je servais alors en qualité d'aventurier, et je ne portais ni mon nom, ni mes couleurs : mon ami me croyait de la famille d'Algarotti, simples gentilshommes demeurans à Milan; cependant, je lui avais donné rendez-vous à Bologne sous prétexte de hâter notre réunion, mais en vain je l'attends depuis douze ans, je n'en ai pas eu la moindre nouvelle ni de son fils, qui, d'après l'âge qu'il avait alors, doit être, mon révérend père, à peu près du vôtre. — Mais comment aviez-vous engagé le sort d'Élisa, qui était si jeune encore? Qui vous dit, seigneur, que votre fille l'eût aimé ? — Qu'elle l'eût aimé ou non, il n'eût pas moins fallu qu'elle acquittât ma promesse. Idomnée et Jephté n'avaient-ils pas promis davantage, et leurs enfans n'ont point cherché à se soustraire aux terribles obligations que les vœux téméraires de leur père leur imposèrent ; et je ne vois pas le grand mal d'épouser un jeune homme d'une rare beauté, car son père m'a dit que c'était le plus charmant adolescent de tout le Bolonais..... — La beauté ne suffit pas toujours pour plaire. — Je suis bien étonné, mon révérend père, que vous conseilliez la désobéissance à ma fille. — Dieu m'en garde, monseigneur, reprit aussitôt le moine qui craignit d'avoir imprudemment fait connaître ses sentimens, ce n'est pas moi qui détournerai la signora de ses devoirs, et dussiez-vous, comme l'a savamment observé votre seigneurie, exiger un sacrifice semblable à ceux de Jephté et d'Idomnée, elle devrait si soumettre. — Quoi ! mon révérend père, vous croyez que je devrais mourir si mon père le voulait ! — Et quel tort aurait-il en vous demandant ce qu'il vous a donné? votre vie n'est-elle pas un de ses bienfaits, et n'a-t-il pas le droit de vous ôter ce que vous ne posséderiez pas s'il ne vous l'avait pas donné ?— Ne crains rien, mon Élisa, interrompit le père, je ne te demanderai jamais une vie qui peut seule embellir la mienne ; et il la serra contre son cœur : mais tu épouseras le fils de mon ami, si j'ai le bonheur de le retrouver, ou tu me feras mourir de chagrin.

Élisa se mit à fondre en larmes et supplia son père de la faire religieuse plutôt que de la marier avec un homme qu'elle haïssait par la seule idée qu'on la contraindrait à l'aimer, ou du moins à le feindre. Le prince parut irrité ; et le moine assez embarrassé, finit, pour apaiser cette querelle, par dire qu'il serait temps d'examiner jusqu'où devait aller l'obéissance, quand le jeune homme se présenterait, et que d'ici-là on pourrait se borner à croire qu'il avait cessé d'exister, puisque son père ne se présentait pas pour réclamer la promesse du duc. — Dieu veuille, reprit Élisa, que votre révérence dise vrai, et que jamais il ne vienne à Bologne.

Anselme ne se trompait pas sur la cause de la vive inquiétude que la jeune personne témoignait de voir arriver celui qu'on lui destinait pour époux, et il ne doutait pas qu'il serait attendu avec moins d'effroi, si la belle Élisa était moins sensible aux grâces extérieures du beau moine. Mais quel parti tirera-t-il de cette sentibilité? déjà la sienne pour cette charmante personne était extrême : il ne suffisait pas que le jour elle se présentât sans cesse à son imagination, la nuit encore elle l'enflammait par les songes les plus séduisans, et, cependant, il n'osait lui faire connaître à quel point il l'adorait : il se contentait de respirer le même air, de prendre quelquefois sa main pour l'aider à tracer quelques lettres, mais il n'osait rien de plus, tant le véritable amour est timide !

Déjà plus de six mois s'étaient

écoulés sans qu'il y eût nul changement dans son sort, et que peut-être il n'en désirait pas. Il est si doux de suivre pas à pas les progrès que l'on fait dans une âme novice, de se dire : moins je précipiterai mon bonheur, plus je le rendrai certain. Il n'était pas douteux qu'elle attendait l'heure des leçons avec au moins autant d'impatience qu'Anselme ; que dès qu'elle le voyait ses joues se coloraient du plus vif incarnat, que sa respiration était plus pressée, et que ses longues paupières se levaient et se baissaient à chaque instant, comme ne sachant pas si elle pouvait fixer un objet qui lui paraissait aussi dangereux qu'aimable : mais elle ne parlait pas.

Cependant, une grande fête approchait, et Anselme se flattait qu'au tribunal de la pénitence la belle s'accuserait de quelques petits péchés dont il serait l'objet ; mais elle ne s'y présenta pas. Le jour de la fête étant passé, Anselme profita d'un instant où les femmes et même la gouvernante étaient éloignées, pour lui demander quelle raison elle avait eue de ne pas venir faire l'aveu de ses fautes. — Hélas ! mon père, parce que je sais qu'il ne suffit pas de cet aveu, qu'il faut se repentir, promettre de n'y plus retomber ; et j'aime mon péché, que dis-je ? il fait le charme de ma vie. — O ma fille ! que me dites-vous là ? est-ce bien la pieuse Élisa qui peut se servir de semblables expressions ? — Je n'en connais point d'autres pour exprimer ce que j'éprouve.—Mais enfin, pourrait-on savoir qu'elle est cette faute à laquelle vous prenez tant de plaisir. — Vous êtes de tous les hommes celui à qui je le dirais le moins. — Qui m'a donc enlevé votre confiance ? — Vous l'auriez pour tout autre objet, mais celui-là, impossible. — Vous choisirez donc un autre directeur ? — Non. — Mais votre salut ? — Je crains bien de ne pouvoir jamais le faire. Ah! si mon père me laissait retirer dans un couvent! — Vous, Élisa, faite pour être l'ornement de la société! — Vous avez bien renoncé au monde! — Qui vous dit que ce soit d'une manière irrévocable? — Est-ce qu'il est possible de revenir sur des vœux? — Oui, lorsqu'on a protesté dans les vingt-quatre heures. — Quoi! Anselme, vous pourriez quitter ces habits lugubres qui vont si mal avec une physionomie aussi enjouée que la vôtre! — Vous croyez donc, Élisa, que je ferais bien de quitter cet habit? — Ah! oui, si cela est possible! — Très-possible; mais si je ne le portais pas, il me faudrait renoncer à venir dans ce palais dont il m'a ouvert l'entrée. — Alors ne le quittez donc pas, mon cher Anselme, j'ai trop besoin de vos leçons; d'ailleurs, si vous cessiez d'appartenir à une maison religieuse, vous vous marieriez, et cela me ferait bien de la peine. — Ah! c'est-là ce que vous ne devez pas craindre.

Elisa sans trop comprendre pourquoi elle ne devait pas redouter qu'Anselme se mariât, sans trop savoir pourquoi elle serait fâchée s'il prenait une compagne, sourit à cette assurance, et sa figure s'embellit de mille charmes qu'Anselme n'avait point encore remarqués; et certain d'être aimé, il se serait trouvé le plus heureux homme du monde, si l'immense distance qui était entre lui et Elisa ne lui eût pas fait sentir l'impossibilité de s'unir à elle des doux nœuds de l'hymen. Ce n'était point la valadité de ses vœux qui eût été un obstacle insurmontable, il savait bien qu'il pouvait les rompre; mais quelle serait sa place dans le monde? enfant abandonné, élevé par charité par la duchesse de **, dont il a si grièvement offensé l'époux, qu'il ne peut se flatter que jamais il lui pardonne. Sera-ce sur ses deux amis qu'il comptera! eux-mêmes n'ont point d'existence. Rosa est riche, son commerce prospère; mais aurait-il recours aux bienfaits d'une femme qu'il méprise, pour procurer à Elisa une faible portion de jouissance dont elle serait privée en l'épousant; car sûrement son père ne consentirait jamais à leur mariage par mille raisons, dont la plus forte était d'avoir promis sa fille au fils de son ami.

Il est donc inutile, se disait-il, que je quitte ce froc : je serais encore plus malheureux si je ne l'avais plus. Mais si cet inconnu revenait! s'il épousait Elisa! Je sens, par le seul désespoir ou cette seule pensée me jette, ce que je ferais si ce malheur arrivait.

Bien d'autres menaçaient la société des trois moines; et l'instant où Anselme osait mettre en balance s'il déclarerait ou non son amour, son imprudente amitié pour Silvino allait le conduire au dernier degré de l'infortune.

Silvino avait fait une absence plus longue que d'ordinaire : aussi rapportait-il plus du double de marchandises qu'il n'avait coutume, et, cependant, pour la première fois, ses amis crurent lire dans ses traits quelques chagrins profonds, ou au moins quelques vives inquiétudes. Ils lui en demandèrent la cause, mais inutilement; et ce qui les étonnait encore plus, c'est qu'il semblait tressaillir toutes les fois qu'on ouvrait la porte. — Oh mon ami! lui dit Rosa, il vous est sûrement arrivé quelque chose d'extraordinaire, et que vous voulez en vain me dissimuler : jamais je ne vous ai vu inquiet comme vous le paraissez. — Il est vrai, répondit enfin Silvino, que j'éprouve un de ces coups du sort auxquels il est difficile de s'attendre. Peut-être d'ici à deux jours je serai pris et condamné à porter ma tête sur un échafaud, et cependant je n'ai rien fait que l'on puisse mettre au rang des crimes. Si l'on excuse presque toutes les actions des hommes qu'on appelle des héros, non-seulement j'en ai eu l'audace, mais de plus on me mettra un jour au rang des Lycurgues, des Solons ; car j'ai donné aussi des lois qui ont assuré la gloire d'une république : ma récompense sera la mort ainsi que celle de tous ceux qui ont des rapports avec moi.

Toi, Rosa, et mes amis, si je suis accusé de crimes, vous serez regardés comme mes agens et punis comme tels. — Mais, qui te dit que tu seras arrêté ? — Des avis, hélas ! trop certains, et qui viennent de m'être confirmés; cependant, mon parti est pris, ils ne m'auront pas vivant. Si Anselme et Dominico ne veulent pas fuir avec moi, je termine des jours qui, sans eux, me seraient insupportables. Quant à toi, Rosa, tu es maîtresse, ou de fuir avec moi ou de faire tête à l'orage, en disant que tu ne me connais pas. — Je ne te quitterai sûrement pas, dit-elle. Silvino la crut, et l'expérience lui prouva que la vertu seule est digne de nos adorations. Il n'en connaissait que le nom, et croyait pouvoir compter sur celle dont la fortune lui coûtait si cher. Il convint donc avec elle qu'étant moins désignée que lui à la justice, elle laisserait passer quelques jours avant de le joindre, qu'elle emploierait à réaliser leur fortune.

On s'étonnera peut-être qu'elle ne demandât pas à Silvino des détails sur cette aventure; mais elle n'en avait pas besoin : elle savait depuis long-temps que Silvino n'avait d'autres ressources que ce que l'on nomme industrie, et peu lui importaient les moyens, pourvu que les résultats lui procurassent beaucoup d'or; et avec ce métal toutes les jouissances de la vie. Il n'en était pas de même de Dominico et d'Anselme : ils aimaient le plaisir, mais ils n'y étaient pas tellement abandonnés qu'ils n'eussent conservé des notions d'honneur.

Silvino n'avait pas oublié avec quelle difficulté il avait fait consentir le neveu de Fansonetta à voler sa tante. Quant à Anselme, on avait beau ignorer son origine, elle semblait écrite dans la noblesse de sa physionomie, plus encore dans celle de ses manières : aussi Silvino aurait plutôt risqué de perdre le jour, que de mettre Anselme dans sa confidence ; mais il préféra perdre son amitié, qu'il estimait plus que la vie, au malheur d'être cause que cet ami, qui lui était si cher, fût arrêté comme son complice, ce qui n'aurait pas manqué, dès que Silvino serait parti. Il fallut donc se résoudre à apprendre aux deux autres moines ce secret que Silvino avait espéré ensevelir avec lui dans la tombe : ce fut le soir même où il avait parlé à Rosa, qu'il choisit pour cette terrible confidence.

Vous rappelez-vous, leur dit-il, le temps où Silvino vous était assez cher pour le préférer à celles qui vous avaient tenu lieu de mère ? — Si nous nous en souvenons, reprit Anselme, il me paraît que rien n'a dû te faire croire que ce temps se fût échappé de notre souvenir ; quant à moi, il m'est aussi présent que si c'était hier; la seule différence, c'est que je t'aime bien plus que je ne t'aimais alors. — Oh! si je pouvais le croire ! et toi, Dominico, tu ne dis rien, ne suis-je plus l'ami de ton cœur ? — Ah! peux-tu en douter ? — Quoi ! il ne te reste aucune prévention contre celui qui exigea de toi un léger tour d'adresse. — Je n'ai point, mon ami, changé d'opinion sur cet action, je la crois toujours très-condamnable ; mais je t'aime si sincèrement, que je me suis persuadé que tu étais assez enfant pour ne pas en avoir senti la conséquence. — Ainsi, tes idées sur le vol sont toujours les mêmes ? alors, dis-moi comment te permets-tu de respirer, car tu prends à ton voisin l'air qui lui appartient ? comment passes-tu sur des terres qui ne sont pas à toi, car, en marchant, tu en enlèves une partie. — Oh ! j'ai beau haïr le vol, je ne porte pas le scrupule si loin. — Cependant, c'est de la boue d'une couleur ou d'une autre; en prendre de la grise ou de la jaune, cela revient au même. Enfin, il y a une masse de bien qui doit être au plus fort, soit au nom de la loi, soit au nom de la supériorité en courage, en adresse; et tu seras bien habile si tu peux me prouver que tous les hommes ne se volent pas plus ou moins. J'ai donc pensé qu'il n'y avait que manière de s'y prendre : le hasard m'a fait rencontrer à Retegno, dans le duché de Milan, assez près de Plaisance, une troupe de voleurs qui m'abordèrent plus civilement qu'il n'appartient à des hommes qu'on ne croit pas très-bien élevés ; ils me demandèrent non pas l'aumône, ils avaient trop de fierté pour un pareil métier, non pas la bourse ou la vie, cela effraie les malheureux passans, mais la contribution militaire. Voyant des hommes très - bien montés, et dont les armes me paraissaient en fort bon état, je ne m'amusai pas trop à leur disputer le droit qu'ils s'arrogeaient pour lever cette contribution. Je me doutai bien cependant qu'ils n'y étaient pas infiniment autorisés par le gouvernement; mais cette idée m'ayant paru plaisante, je voulus connaître plus particulièrement messieurs les percepteurs, et, après leur avoir donné généreusement la moitié de ce que je possédais, je priai le chef, qui voulait s'éloigner, de me dire à qui ces contributions étaient remises. — A celui à qui elles appartiennent.— C'est très-bien dit, mais son nom? —Il change tous les huit jours; ainsi, quand vous sauriez que celui d'aujourd'hui se nomme

Séraphin Figaï, cela ne vous avancerait pas à grand chose, car demain son règne expire. — Et ne pouvez-vous donc pas le renommer?—Non, pas de toute l'année. — Mais, où demeure ce chef? — Que vous importe? — Ce n'est pas à moi qu'il importe, mais à lui : j'ai les choses les plus importantes à lui communiquer ; et je consens à passer ma vie dans le fond de votre retraite, si ce que je lui proposerai ne lui est pas très-agréable et fort utile à votre corps.

Que risquons-nous, dit l'un d'eux, un homme n'en tue pas deux cents. Et, quatre halbaletriers s'étant mis à mes dôtés, ils me conduisirent dans une maison à l'entrée du bourg de Retegno : elle est bien bâtie, et des jardins parfaitement cultivés l'environnent.

J'entre : on me présente à un vieillard dont les cheveux blancs et l'air vénérable m'auraient inspiré du respect, si je n'avais pas su que c'était un chef de voleurs, profession qui, si elle n'est pas criminelle, ne peut jamais être très-honorable. Séraphin parut assez surpris en me voyant : ses gens lui expliquèrent les raisons qui les avaient déterminés à m'amener. — Si le révérend, répondit-il, a quelque chose de si extraordinaire à nous communiquer, il faudrait assembler les vieillards. Nous sommes, ajouta-t-il, cinquante-deux pères de famille qui gouvernons chacun à notre tour cette république dont tout le revenu consiste à lever des contributions en argent ou marchandises sur les voyageurs : tout est rapporté ici, ou on le change contre des objets de commerce que quelques-uns des nôtres portent partiellement aux différens marchés qui nous environnent. — Rien n'est si bien vu, dis-je au chef de la horde; mais, faute d'avoir des correspondans sûrs dans quelques grandes villes, vous devez perdre considérablement sur vos marchandises. — Beaucoup, mais le fonds nous coûte si peu ! — Et moi je crois qu'il vous coûte beaucoup, car enfin vous ne pouvez être sans crainte que la justice..... — Elle ne peut atteindre que les percepteurs, et depuis plus de cent ans que notre association subsiste, il n'y a pas d'exemple qu'un seul nous ait trahis; et quand ils nous dénonceraient, qu'en pourrait-il arriver? nous ne conservons jamais aucune preuve de conviction, nous n'avons point d'armes: nous vivons d'une manière très-paisible avec nos voisins; nous sommes riches, mais nous n'affichons pas, comme quelques autres de nos confrères un luxe insolent. Ainsi, on aurait beau dire que nous sommes associés aux percepteurs, il ne suffit pas, il faut le prouver, et c'est impossible : vous même vous ne le pourriez pas. — Ni n'en ai envie, car vous m'inspirez beaucoup d'intérêt;

et, si vous voulez m'associer à vos travaux et me donner votre confiance pour la partie commerciale, vous ne vous en trouverez pas mal, je vous jure : nous convînmes de nos faits.

Depuis ce temps, c'est moi qui avertissais le chef suprême de la république de Retegno des prises que l'on pouvait faire : je me rendais dans la capitale pour le temps où les fonds arrivaient ; on me les remettait, et ensuite je me livrais à toutes les spéculations qui pouvaient augmenter notre avoir. Jusqu'à présent tout avait été le mieux du monde ; mais ayant eu nouvelle que l'ambassadeur de Naples à Vienne passait très-incessamment près de Retegno, et qu'il avait avec lui pour trois cent mille livres tant en or, argent, que bijoux, argenterie, linge, habits, l'expédition me parut excellente, mais elle donna quelque crainte aux travailleurs, et je fis la fatale imprudence d'offrir de les commander.

Je savais précisément le jour et l'heure où l'ambassadeur devait passer : nous allâmes l'attendre ; quand il fut à portée du trait, je lui fis demander la contribution. — Nous ne sommes pas en temps de guerre, fit-il répondre ; nous n'avons nulle contribution à donner. — Si. — Non. — Si ; et l'un ne cédait pas plus que l'autre : cependant, quand l'ambassadeur vit que cela ne se passerait pas en déclamations diplomatiques, il fit fondre sur notre troupe. Jamais elle ne tirait l'épée la première ; mais quand on résistait, et que l'on voulait en venir aux mains, elle ne reculait pas : le carnage fut terrible, l'ambassadeur tomba sous nos coups, et la plus grande partie de sa suite, mais malheureusement pas entière : plusieurs ont échappé, entre autres le marquis del Marmora qui, au commencement de l'action, m'avait parfaitement reconnu. — C'est vous, père Silvino, vous ! je ne m'étonne plus si vous et vos infâmes amis entretenez à si grands frais des femmes publiques; mais tremblez, si vous échappez à nos armes, vous n'échapperez pas à la justice.

Je ne répondis à ses menaces qu'en me battant en désespéré : je voulais ou perdre la vie ou l'ôter au marquis: je n'ai pu faire ni l'un ni l'autre, et étant restés maîtres du champ de bataille, nous avons rapporté un riche butin, que j'ai échangé contre une très-grande quantité de marchandises : mais nous n'aurons jamais le temps de nous en défaire : peut-être demain, ce soir, on viendra nous arrêter. Voyez, mes amis, ce que vous voulez faire.

Te suivre, lui répondirent-ils tous deux par un mouvement involontaire. Mais, ajouta Anselme, à une seule condition, que vous m'accorderez jusqu'à ce soir. — Pour faire tes adieux à la belle del Monte-Tenero. — N'importe, venez m'attendre ce soir avec un cheval près la porte des jardins du palais. Ils le lui promirent, et Anselme se retira pour rêver aux moyens de mettre à exécution le grand projet qu'il roulait dans sa tête; et, pour y parvenir, il se rendit chez la tendre Elisa, qu'il trouva occupée à relire tout ce qu'il lui avait écrit.

Vous voyez, lui dit-elle, que pendant votre absence je m'occupe de vous : je ne vis que pour..... mes amis; et vous savez si vous êtes de ce nombre. — Ah! si je le croyais, je pourrais espérer que vous ne seriez pas insensible à la prière que je viens vous faire. — Dites, mon père, je ferai tout ce qui dépendra de moi pour vous prouver mon attachement. — Je ne vous ai pas dit, jusqu'à présent, que j'ai un frère qui est éperdument amoureux de vous. — De moi? et il ne m'a jamais vue. — Plus d'une fois, mademoiselle, il a souffert en silence de l'impossibilité de vous être uni; mais quand il a su que l'heureux jeune homme à qui votre père vous a promis était dans cette ville, il ne se possédait plus, et a juré qu'il mourrait ou son rival, avant que ce dernier pût entrer dans le palais. Le hasard m'a fait entendre tout ce que je viens de vous raconter, et il n'est pas douteux qu'il se passe, dans cet instant peut-être, un événement terrible. Elisa ne pouvait avoir aucune idée de la ruse : son âme était aussi pure que son cœur était tendre. L'idée que deux hommes s'exposaient à perdre la vie pour elle la fit frémir : ô mon Dieu ! s'écria-t-elle, courez les séparer. — Je ne pourrais y parvenir : vous seule pouvez leur imposer la loi de vivre et d'attendre ce qu'il plaira au prince votre père d'ordonner; mais surtout venez-y seule, car la plus légère indiscrétion les ferait punir de mort : ainsi, vous ne les sauveriez d'un danger que pour les précipiter dans un autre plus grand encore. Je vais me rendre en dehors du parc, à cette petite porte : je les attendrai ; mais venez-y, je vous en conjure, vous seule pouvez, je le répète, empêcher un malheur irréparable.

Elisa le promit et se fit répéter l'heure du rendez-vous : elle était déjà sonnée. Elle renvoya promptement Anselme, et chercha un moyen pour aller seule à la porte du parc : elle n'en trouva pas de meilleur que de s'enfermer dans son oratoire, qui avait un dégagement sur la terrasse, que sa gouvernante ne fermait que le soir après souper. Elisa était donc bien persuadée qu'elle serait rentrée dans son appartement, avant que l'on se fût aperçu qu'elle en était sortie, d'autant plus qu'il faisait déjà nuit. Cependant le cœur lui battait, son intention était bonne, et une voix secrète lui criait qu'elle avait tort : mais, si la sensibilité l'avait déterminée à une démarche aussi inconsidérée, la curiosité y avait sa part.

Voir tout à la fois deux amans : l'un dont on n'avait jamais entendu parler, mais qu'Elisa se persuadait devoir ressembler à son frère, et être par conséquent beau et aimable ; l'autre, pour qui on la conservait précieusement depuis plus de douze ans, et les voir se disputer le droit de lui plaire à la pointe de l'épée, lui donnait une haute idée de ses charmes, qui ajoutait à l'orgueil qu'elle en avait déjà.

Quelle est la femme qui n'est pas fière d'être belle ? Elisa pouvait l'être plus qu'une autre ; car elle était d'une rare beauté, et l'on ne peut s'empêcher de gémir en voyant une aussi intéressante personne devenir la proie d'hommes tels qu'on se figure qu'étaient nos trois moines. Elle arrive, écoute, n'entend rien, entr'ouvre la porte, la referme, l'ouvre encore, et aperçoit Anselme qui s'approche. —

Ne craignez rien, dit-il, avancez jusqu'à l'angle du bois, ils y sont : le combat n'est pas encore engagé, mais ils ne peuvent l'éviter, d'après les mots qu'ils se sont dits. Venez, belle et sensible Elisa, ne perdez pas de temps.

Elisa, sans aucune défiance (serait-il possible d'en avoir avec un ministre de Dieu!), suit le moine, qui lui fait remarquer, à la lueur des étoiles, deux hommes à pieds près de leurs chevaux. C'est eux, dit-il, c'est eux; il est encore temps. Elisa voudrait avoir des ailes; mais la frayeur, le peu d'habitude d'une course aussi rapide la forcent de s'arrêter. Anselme lui offre de s'appuyer sur son bras : elle l'accepte, et elle se sent pressée contre son cœur.

Un trouble inexprimable s'empare de son être : seule à dix heures du soir avec un homme, que dis-je? avec un moine ; que penserait son père s'il le savait? le motif pourrait-il même l'excuser? — C'est trop loin, dit-elle, beaucoup trop loin, je ne pourrai jamais aller jusque-là ; d'ailleurs, je crois que vous vous trompez, mon révérend père, ce ne peut être nos gens : ils ont de longues robes. — C'est eux, je vous assure. — Allez les trouver, dites-leur que je suis venue jusqu'ici, que je les supplie de n'en pas venir aux mains ; et sûrement ils n'auront pas la barbarie de me rendre témoin d'une scène sanglante. — Non, chère Elisa, il n'y a que vous qui puissiez arrêter leur bouillant courage. — Je ne puis; déjà j'ai trop fait en m'éloignant autant du palais : aller jusqu'à l'angle du bois, c'est beaucoup trop loin. — Vous voulez donc que mon frère périsse ; voyez avec quel feu ils se parlent : ils vont prendre leurs armes, et il ne sera plus temps.

Pendant ce dialogue, qui dura fort long-temps, Silvino inquiet que le moindre retard ne lui fût préjudiciable, prend son parti de venir droit à eux. — Par la sangbleu, te moques-tu de moi, de me faire attendre ainsi : tu m'avais dit qu'un quart d'heure au plus te suffirait, et voilà une heure que nous attendons!!— Et qui attendez-vous, mon révérend père, dit Elisa en s'adressant au cordelier? — Pardi, ce que nous attendons; mais vous, apparemment, puisqu'il dit qu'il ne peut se passer de vous : ainsi, la belle enfant, partons. — Qu'entends-je, partir? Anselme, qu'avez-vous fait? Quoi! c'est vous qui abusez de ma candeur? Où est ce frère, ce combat? n'était-ce donc qu'un piége, où vous m'avez facilement conduite? Mais au nom de l'honneur, laissez-moi retourner dans le palais de mon père. — Non, il n'est plus temps, Elisa; vous connaissez mon crime, mais vous ne connaissez pas tout l'amour qui l'a causé : oui, j'ai tendu un piége sous vos pas, je vous ai amenée ici pour vous conduire hors de votre patrie, que vous ne reverrez jamais. Mais je vous adore, et vous m'aimez : oui, Elisa, vous m'aimez, je n'en doute pas ; et si j'avais pu imaginer que je ne vous étais pas infiniment cher, je n'aurais jamais osé vous enlever à tout ce que la fortune peut promettre de jouissance ; l'amour, il est vrai, vous les rendra toutes. — Cruel ! dit Elisa en pleurant, oui je vous aimais ; et de l'instant que vous m'avez dit que vous pouviez vous faire relever de vos vœux, j'ai désiré que vous quitassiez l'habit de moine et que vous me demandassiez au prince; mais vous n'avez rien voulu de tout ce qui aurait fait mon bonheur, et vous aimez mieux me condamner à l'opprobre, en m'enlevant à mon père, que de lui donner les moyens de vous rendre heureux, en faisant mon bonheur. — Tout cela est très-beau, dit Silvino; mais moi qui ai la justice à mes trousses, je n'ai pas le temps d'attendre vos tendres roucoulemens; il faut partir ou la laisser. — Chère Elisa, reprenait Anselme en pressant sa main de ses lèvres, je te jure de quitter cet habit, de te prendre pour épouse et de ne m'occuper que de ton bonheur. — Il n'en est plus pour la pauvre Elisa. — Eh bien, partons-nous? — Cher Silvino, laisse-moi donc le temps de la décider. — Il n'y a qu'un moyen, c'est..... Il lui parle à l'oreille; celui-là est sûr, après elle te suivra par-tout où tu voudras. — Non, non Silvino; jamais je ne l'emploierai. — Que, dites-vous, cruels, qui vous riez de ma misère? Anselme, cher Anselme, rendez-moi à mon père avant qu'il sache que vous aviez voulu m'enlever à lui. — Non, je ne puis, ma chère Elisa. — Vous ne voulez pas nous suivre de gré, que ce soit de force, dit Silvino, tout cela m'ennuie; et tirant un poignard de son sein, il le lui posa sur la gorge: Anselme s'en

saisit et le jette.— Que faites-vous, vous me feriez hésiter à vous suivre.
— Reste, mais tu sais à quelle condition. — O mon Elisa, il y va de mes jours si je prolonge mon séjour en cette ville, et si je pars sans toi, je n'y survivrai pas; ainsi il faut mieux que je termine ma vie que de me condamner ou à l'opprobre ou à la douleur; et, ramassant avec précipitation le poignard qu'il avait arraché des mains de Silvino, il allait s'en percer, quand Elisa effrayée, que dis-je, éperdue, hors d'elle-même, se jette dans ses bras. — Ne meurs pas Anselme, je ne veux pas que tu meures.

Anselme, profitant de son effroi, la prend, la serre contre son sein, l'emporte en disant : Tu ne veux pas que je meure, et je ne puis vivre sans toi. Elisa se défend faiblement. Silvino les précède, prend les chevaux que Dominico, qui n'avait pas mis pied à terre, tenait en main, aide Anselme à se placer dessus un avec Elisa, monte sur l'autre, et piquant des deux, ils partent tous quatre comme si leurs chevaux eussent eu des ailes. Ils firent dix lieues sans s'arrêter ; enfin, excédés de fatigue et de faim, ils entrèrent au lever du soleil dans une maison de paysan, où ils firent reprendre haleine à leurs malheureux coursiers, et quelque repos à la pauvre petite Elisa, qui n'avait cessé de pleurer pendant toute la route, et de se plaindre de la cruelle nécessité qui l'avait contrainte, pour sauver les jours de l'homme qu'elle aimait, de s'arracher à son père. Elle se représentait ce malheureux vieillard la demandant à ceux qui ne devaient pas la quitter d'un instant, apprenant la fuite d'Anselme en même temps que la sienne, ce qui ne lui laissera pas de doute que c'est ce moine qui la voue à l'infamie.

Souvent elle demande à son amant de la laisser retourner sur ses pas, d'autrefois elle lui reprochait d'avoir désarmé son compagnon, qui, dans sa fureur, l'eût rendue moins infortunée que lui. Anselme répondait par les plus tendres caresses, et ce n'est pas le langage le moins éloquent ; aussi parvenait-il quelquefois à calmer les douleurs de la pauvre enfant. — Mais où allons-nous ? lui demanda-t-elle quand ils furent descendus dans cette mauvaise hôtellerie. — Nous irons passer quelque temps dans un souterrain, jusqu'à ce qu'une femme, qui est chargée du recouvrement de notre fortune, vienne nous y joindre : quand elle et nos trésors seront arrivés, nous gagnerons le port le plus voisin pour nous embarquer et passer en France, où je vous épouserai. — Mais qui vous force à fuir votre patrie ? — Ce n'est pas mon secret, chère Elisa, et je ne puis en disposer.

Dominico, que la prudence n'abandonnait pas, assura qu'il fallait rester tout le jour dans cet asile, et qu'en partant vers la nuit ils seraient à l'entrée du souterrain avant le soleil levé. Je pense que le lecteur se doute bien que le souterrain n'est autre chose que celui du palais du duc de ** que nos héros connaissaient parfaitement. Ils avaient même eu soin d'en marquer l'entrée dans le bois, et ils savaient qu'il fallait peu de travail pour l'ouvrir. On passa donc la journée dans ce mauvais gîte. Anselme y laissa reposer sa douce amie, malgré les sarcasmes de Silvino, qui lui disait : L'instant perdu pour le plaisir ne se retrouve plus, et tu auras beau t'imaginer qu'avec ta prétendue réserve tu en auras de plus vifs, parce que tu ne les tiendras que de l'amour, il n'en sera pas moins vrai que le plaisir que vous perdez aujourd'hui, il ne sera pas plus en votre pouvoir d'en avoir joui, que de rendre présent le passé : tout ce qui échappe ne revient plus ; et si j'étais de toi, au lieu de monter la garde, comme tu le fais, à la porte de ta belle, j'irais, sans cérémonie, me placer à ses chastes côtés; elle crierait, des baisers lui fermeraient la bouche, et les plus vives étreintes l'empêcheraient bien de m'échapper. Les premiers momens seraient un peu orageux, et tant qu'elle n'aurait pas ressenti le charme du plaisir, sa vertu la ferait se défendre : mais elle expire toujours cette vertu dont ont fait tant de bruit, quand la volupté s'empare des sens. Allons, essaie de ma recette, et ne laisse pas perdre un jour, ou, si tu veux, je l'emploierai pour toi. — Ne t'en avise pas, dit Anselme; car ta vie m'en répondrait. — Ne te fâche pas, j'ai reluqué ici une petite servante qui vaut bien ton Elisa, et à qui j'ai deux mots à dire. Adieu. — Quel homme ! quel homme ! pourquoi faut-il que ma faiblesse pour lui m'attache à sa destinée ! quelle raison ai-je pour l'aimer ? — C'est qu'il est aimable, répondait Dominico qui avait entendu ces derniers mots d'Anselme : je me dis tous les jours la même chose que toi ; car, enfin, sans lui je serais très-heureux. Ma bonne tante Fansonetta m'aimait tant, et je l'ai quittée pour ce scélérat qui nous fera peut-être pendre ; et malgré la prudence que l'on m'accorde, je ne puis me défendre de ses séductions. Il semble qu'il y ait une sympathie qui nous empêche de nous séparer, et je sens que je serai plus heureux dans notre souterrain avec lui, que je ne le serais sans lui dans un palais épiscopal. — Il est certain qu'il embellit la vie par l'heureuse gaîté de son caractère ; et, quant à sa dernière aventure, elle peut le conduire à l'échafaud, mais non lui ôter la réputation d'un homme de génie ; car enfin il a su se servir des vices de la peuplade de Retegno pour assurer sa fortune. On ne peut pas l'accuser de l'avoir corrompue, il a seulement fait tourner au profit du commerce les expéditions des Retegnois; ainsi, il a fait plus de bien que de mal.—Je le crois comme toi, mais il n'en est pas moins désagréable d'être obligé de vivre loin de notre patrie.—Nous ne pouvons cependant l'abandonner. —Je n'en ai pas même la pensée.

C'est ainsi que ces deux jeunes gens, qui avaient reçu de la nature les plus heureuses dispositions, se trouvaient entièrement subjugués par Silvino; et, perdant les idées du mal et du bien, en étaient venus jusqu'à justifier l'indigne conduite de Silvino, et peut-être à l'imiter, si les circonstances les y forçaient. O vertu! qu'il est facile de s'écarter de tes sentiers, et que tes leçons ont peu de force contre l'amour du plaisir. C'était en procurant à ses deux amis toutes les jouissances, que Silvino était parvenu à se les attacher d'une manière si tendre, qu'ils le préféraient à leurs maîtresses les plus chéries. Ils se laissèrent donc aveuglément conduire par lui.

Elisa avait passé la plus grande partie du jour sur son lit, moins à dormir qu'à réfléchir tristement sur son sort. Anselme avait respecté sa solitude, et il ne la vit qu'au moment de se mettre à table. Il la trouva excessivement changée ; ses beaux yeux étaient ternis par les larmes. Les roses de son teint étaient effacées par les lis. Que je suis malheureux ! dit-il ; je vois qu'Elisa se reproche ce qu'elle a fait pour mon bonheur, et que je la verrai sans cesse déplorer l'instant où elle m'a assuré un sort qui ferait l'envie du plus puissant monarque. Vous ne me répondez rien, Elisa : vous ne daignez pas même m'honorer d'un regard. Dites, voulez-vous retourner à Bologne ? Je vais vous y conduire ; je vous remettrai dans les bras de votre père, et j'attendrai le sort que des événemens, que vous ne pouvez savoir, me préparent ; et lorsque Elisa apprendra que j'ai fini mes jours dans les supplices, elle se dira : Si je l'avais voulu, il eût échappé à ses féroces ennemis. Voulez-vous, Elisa, reprendre la route de Bologne ? — Pourrais-je le vouloir, dès qu'il y va de votre vie ? Mais permettez au moins que j'écrive à mon père. Anselme y consentit, se chargea même de faire partir la lettre, et n'en fit rien.

Enfin, on se remit en marche ; la nuit était belle, et on apercevait de très-loin dans la plaine. Aussi distinguèrent-ils une troupe assez nombreuse qui suivait le même chemin que les trois moines, et qui paraissait aussi les avoir aperçus, car ils pressaient la marche de leurs chevaux. Etait-ce le prince qui envoyait sur les pas de sa fille ? Etait-ce la justice qui les faisait poursuivre ? L'un était aussi dangereux que l'autre. Il n'y a pas de doute, dit Silvino, que cette troupe nous rejoindra. Elle est au moins aussi-bien montée que nous, et ses chevaux sont plus frais : il faut entrer dans ce bois, et nous cacher dans le plus épais du taillis, et quand ils seront passés outre, nous continuerons notre route.

On suivit l'avis du cordelier, et on se cacha si bien, qu'on n'aurait pas eu le moindre doute de ce qu'ils étaient devenus, si une malheureuse jument que montait Dominico, ne se fût mis à hennir à un superbe étalon qui était des écuries du prince ; car, en effet, c'était lui qui faisait courir après sa fille par toutes les routes qui conduisaient de Bologne aux différentes villes d'Italie. Aussi-tôt la troupe s'arrêta. On mit pied à terre, et les amis entendirent très-distinctement que l'on venait à eux. Ils comprirent aussi, par quelques mots qu'ils distinguèrent, que c'était Elisa qu'on cherchait; et Silvino, montant aussitôt la jument qui avait henni, il sortit du fourré au moment où la troupe s'y attendait le moins. Au premier abord ils le crurent un voleur; mais bientôt ils le reconnurent. — C'est vous, père Silvino ? — Oui, c'est moi. — Que faites-vous donc seul dans ce bois ? — Je vais à Ferrare. Quelques raisons, qu'on ne dit pas, m'ont obligé d'entrer dans l'épais du bois; mais ayant entendu ma jument répondre à un de vos chevaux, je suis promptement sorti pour n'être pas surpris à pied par des brigands; et je vois avec plaisir que je me suis trompé, et ferai volontiers route avec vous. — Avez-vous rencontré sur le chemin une jeune fille avec un bénédictin ? — Ils auraient pu passer auprès de moi que je ne les eusse pas vus, car j'étais occupé à réciter mon rosaire. Comme vous êtes très-bien montés, si elle est passée, vous pourriez aisément la rejoindre ; et en disant cela, il se mêle à leur troupe, et, tout en cheminant, il se fait conter l'histoire d'Aselme et de la belle Elisa, qu'il savait beaucoup mieux qu'eux.

Cependant, Dominico et les deux amans les suivaient de loin, bien sûrs de n'avoir rien à craindre du prince del Monte-Tenero, puisque ses gens les précédaient, et certains que Silvino trouverait le moyen de leur échapper et de venir rejoindre ses amis à l'entrée des souterrains qui donnaient dans le bois.

Ils y étaient arrivés depuis plus d'une heure, et s'occupaient à en déblayer l'entrée, et Silvino n'arrivait pas, quand ils entendirent un bruit sourd dans le souterrain qui leur fit craindre qu'on ne les eût prévenus, et qu'il n'y eût déjà quelqu'un avant eux. Leur frayeur redoubla quand ils virent très-distinctement la terre qui bouchait l'entrée s'ébranler et quelques pierres rouler de l'ouverture, dont le bruit paraissait venir.

Alors, saisis d'effroi, ils allaient s'enfuir sans savoir où ils porteraient leurs pas, quand une voix, qui ne leur était pas inconnue, les appela. Ils se retournent, et voient Silvino passant sa tête au travers d'une très-petite ouverture qu'il venait de faire. — Et qui donc t'a conduit là? — Mon génie; mais dépêchons-nous de nous établir dans ces souterrains et d'en masquer l'entrée de manière à ce qu'elle ne puisse être reconnue que par Rosa, qui sûrement ne tardera pas à nous rejoindre, et quand nous serons en sûreté, je vous conterai tout ce que j'ai fait; ce qui vous paraîtra peut-être hardi; mais il le fallait pour nous sauver.

En fort peu de temps l'entrée du souterrain fut praticable, même pour les chevaux, et Elisa y entra, non sans une sorte d'effroi, en contemplant leur sombre profondeur, que la torche que Silvino tenait à la main n'éclairait que faiblement.

C'est donc là l'asile qu'un misérable moine et un enfant sans aveu offrent à la fille du prince del Monte-Tenero, la plus belle personne de l'Italie ! Mais ce jeune homme est beau ; aussi a-t-il su toucher ce cœur trop sensible, et l'amour va changer en palais cette triste retraite.

Cependant Silvino avait pourvu au plus pressé, et un repas excellent attendait les voyageurs. Dînons, leur dit-il, puis nous verrons comment nous pourrons nous coucher. Nos trois moines firent honneur aux mets ; mais Elisa ne pouvait se résoudre à manger. Elle regardait tristement ces voûtes, dégradées par le temps, qui menaçaient d'écraser de leurs ruines ceux qui étaient assez téméraires pour se reposer sous leurs arceaux à demi rompus : l'air froid et humide glace ses membres délicats; la vue des reptiles qui se traînaient le long des parois lui cause une frayeur involontaire. O mon Dieu! se disait-elle, est-ce donc ici que je passerai mes jours? Anselme, qui voit les tourmens qui la déchirent, s'empresse de la rassurer, lui promet qu'ils ne seront pas plus de deux jours dans ce triste asile; qu'ils en sortiront dès que Rosa sera arrivée. — Et quelle est cette Rosa? — Ma maîtresse, reprit Silvino, comme vous êtes celle d'Anselme. — Je ne croyais pas, reprit Elisa, que vous pouviez vous permettre d'avouer un sentiment auquel vous avez renoncé. Mais cela ne me regarde point; que Rosa soit ou non votre maîtresse, je ne suis point et ne serai jamais celle de personne. — Jamais, ma belle enfant, cela me paraît fort : on vous apprivoisera. — Oh! Anselme, Anselme, est-ce donc là ce que je devais attendre? — Ne prenez pas comme vrai, ma chère Elisa, ce que l'ami Silvino peut vous dire ; il plaisante presque toujours. — Ne devriez-vous point exiger de lui qu'il choisît un autre sujet ? celui-là m'offense, et doit par conséquent vous déplaire. — Ah ! vous vous fâchez, ma petite; vous avez tort, car je suis un bon diable. Mais avec tout cela, si cette coquine de Rosa allait ne pas venir, et garder pour elle tout ce que nous avons, cela ne serait pas gai. A propos, vous ne me demandez pas comment je me suis trouvé ici avant vous? — J'avais la bouche ouverte, dit Dominico, pour te dire que tu nous avais promis de nous en instruire.

Vous saurez donc que m'étant mêlé avec la troupe qui nous cherchait, je l'ai conduite jusqu'aux portes de Ferrare, où je suis entré avec elle. Arrivés sur la place, je leur ai souhaité toute satisfaction dans leurs recherches, et suis rentré dans la ci-devant maison de mon père, comme si elle eût été encore à lui. Le bonheur, qui m'accompagne, fait que je ne trouve personne; je passe au fond de la cour, j'ouvre l'écurie, j'y attache la jument de Dominico : de là j'entre dans cette petite salle basse que tu connais, je vois un dîner servi. Je pense qu'il nous serait utile après avoir voyagé : de cette pensée, à le mettre dans un grand panier qui se trouvait là, ne fut qu'un clin d'œil; puis je gagne le hangard; une échelle était auprès; je monte sur le mur, je la retire, la passe de l'autre côté, et en deux minutes je suis dans les jardins, portant toujours mon grand panier. Je gagne les souterrains, j'y dépose le dîner : puis, pensant que l'échelle pourrait nous faire reconnaître, je retourne, au risque mille fois d'être rencontré par quelqu'un du palais. Je reprends mon échelle et je l'attire dans le souterrain, où elle est.

Mais je ne peux m'empêcher de rire, quand je pense à la mine qu'aura faite la maîtresse du logis, lorsqu'elle sera venue pour se mettre à table, et qu'elle n'aura plus rien trouvé, que son argenterie et son linge; certes, elle ne se doutera pas que c'est un chef de voleurs qui a mangé son dîner, et en a payé la valeur plus de trente pièces d'or par le prix de la jument. Tant de modération n'est pas ordinaire à ses confrères. — Un chef de voleurs! reprit timidement Elisa. — Eh! oui, ma belle enfant, un chef de voleurs. Croyez-vous que si je n'avais rien sur mon compte, je me serais amusé à quitter Bologne pour venir m'enterrer tout vif ici? J'étais, comme je vous le dis, chef de voleurs : j'ai eu pendant long-temps de grands succès; mais les armes sont journalières; un seul jour a détruit mon bonheur, et je suis obligé de fuir devant ceux qui naguère tremblaient devant mes lieutenans.

Elisa, l'œil fixe et la bouche entr'ouverte, paraissait livrée aux plus douloureuses réflexions. — Qu'y a-t-il donc de si extraordinaire à ce que je vous dis, pour vous donner l'air si effrayé ? Il semble réellement qu'il n'y ait que moi de voleur dans le monde ; et votre cher Anselme, n'en est-il pas un ? — Anselme aussi, dit Elisa avec l'accent du désespoir. — Oui, voleur, et du plus rare trésor : n'étiez-vous pas celui du prince del Monte-Tenero ? et ce coquin d'Anselme s'en est emparé. — Ah ! que dites-vous ? pouvez-vous tourner ainsi les choses les plus graves en plaisanteries ? — Ah ! que voulez-vous, belle dame, on pleurerait sans cesse, si on ne riait pas de tout ; mais enfin, j'en suis fâché pour votre seigneurie, vous êtes ici avec un chef de voleurs et deux de ses complices. Cependant, pour rendre hommage à la vérité, les pauvres bonnes gens n'y sont réellement pour rien : ils n'étaient pas même dans le secret ; mais il y a un vieux proverbe : Que la société fait pendre l'homme. Ainsi, mes chers camarades seraient pendus tout comme d'autres, pour avoir été vus constamment avec moi dans la maison de Rosa, qui me servait d'entrepôt, pour y avoir bu, mangé et couché très-souvent. Ils auraient beau protester de leur innocence, on n'en croirait rien, et on les pendrait toujours en attendant un plus ample informé. Mais ils ne le seront pas, je vous jure, tant que Silvino sera existant.

Anselme aurait bien voulu que son ami n'eût pas mis tant de franchise dans son récit. Il sentait combien elle devait lui nuire dans l'esprit d'Elisa, et lui causer d'inquiétudes ; mais il ne pouvait changer le caractère de ce moine, qui avait toujours fait trophée de ses désordres ; ce qui est la plus grande preuve de corruption. Celle de Silvino était à son comble; et, s'il n'avait pas encore commis de ces forfaits qui font frémir la nature, c'est que l'occasion ne s'en était pas présentée, ou qu'ils ne lui avaient pas été nécessaires jusqu'à ce jour; car il avait toutes les dispositions d'un scélérat consommé.

Que serait devenue la pauvre Elisa avec un tel homme, si le ciel, en lui donnant l'audace du crime, ne lui avait en même temps refusé la chaleur des passions ! Il ne connaissait point l'amour, le jeu l'ennuyait, et le vin n'était pour lui qu'un plaisir dont il n'abusait point; mais il aimait l'argent, il l'aimait de préférence à tout, non pour thésauriser, mais pour se procurer toutes les jouissances : une femme ou une autre lui paraissaient absolument égales, pourvu qu'elles fussent jeunes et jolies. Ainsi, Elisa eût remplacé Rosa pendant son absence, si elle l'eût voulu : elle ne le voulait pas, il s'en passait, et attendait Rosa.

Dominico l'attendait aussi : car il était trop prudent pour risquer de se brouiller avec Anselme, en faisant sa cour à la belle Elisa. Ainsi, elle n'avait rien à redouter des deux compagnons d'Anselme; et, quant à lui, son amour pour elle était si vrai, si sincère, qu'il eût mieux aimé mourir que de lui causer un instant de crainte et de chagrin. Mais ce qui le désolait, c'était de ne pas savoir comment ils feraient pour lui procurer un lit dans ces souterrains, dont la terre humide ne pouvait qu'être fort dangereuse en y passant la nuit; et, comme il cherchait Silvino pour lui en parler, il ne le trouva pas.

Bientôt il entendit du bruit à l'entrée extérieure; il y alla : c'était Silvino qui faisait rouler des matelas, des draps, des couvertures, et qui entra en disant : Nous coucherons encore commodément cette nuit. —

Et d'où diable as-tu tout cela? — Rien ne m'a été si facile : j'ai pris nos deux chevaux, j'en ai monté un, et, tenant l'autre en main, j'ai suivi la première route venue. J'ai trouvé une maison isolée, j'y suis entré : N'ayez nulle frayeur, ai-je dit à quelques femmes que ma figure hétéroclite ne paraissait pas rassurer ; mettez seulement sur ces deux chevaux trois à quatre matelas, des couvertures et des draps. — Monsieur, nous ne voulons point vous donner... — Qui vous parle de donner? Je compte bien vous les payer ce que vous voudrez. — Nous ne voulons point les vendre. — Vous ne le voulez pas, et moi je veux les acheter, leur dis-je, en leur montrant un poignard. Alors elles devinrent d'une extrême politesse, et m'aidèrent à charger sur mes deux chevaux ces couchers que vous voyez. Je leur en ai payé la valeur à leur grand étonnement, comme s'il n'était pas tout simple de payer quand on a de l'argent, car il n'est fait que pour cela ; comme il est naturel, quand on n'en a pas, d'en prendre, mais alors de grosses sommes. Rien d'ignobles comme ces petits voleurs qui vous prennent quelques écus d'or. Le crime cesse de l'être dès qu'il prend un caractère de grandeur. La réponse du pirate à Alexandre est celle que tout voleur devrait faire à ceux qui fournissent les vivres des armées.

Elisa ne pouvait concevoir comment on abusait ainsi des talens et de l'esprit ; car elle ne pouvait disconvenir que Silvino était celui des trois qui en avait le plus : le charme qui était attaché à la personne de ce moine avait opéré sur Elisa. Elle disait encore : C'est un scélérat ; et ajoutait : Il est aimable.

Les lits furent bientôt dressés. Jugez de l'inquiétude de la pauvre

Elisa : ces longues voûtes ne se divisaient point en chambres particulières : il fallait se résoudre à passer la nuit dans celle non-seulement de celui qu'elle aimait, mais de ses deux camarades. Qui lui dît que l'un des trois moines ne viendra pas troubler son repos ? Toute innocente qu'elle est, un instinct secret lui donnait l'idée que c'est dans le silence de la nuit que l'amour est le plus dangereux, que l'hymen seul donnait le droit d'occuper le même lit ; il y a donc le plus grand danger à coucher dans la même chambre d'un homme ; de trois, c'est bien pis, surtout quand ces trois sont des moines. Que faire ? Se résigner, prendre le lit le plus éloigné de celui de Silvino, et se recommander à la loyauté d'Anselme, qui plaça ses matelas de manière à ce qu'on ne pouvait arriver à sa bien-aimée, sans lui passer sur le corps ; et il n'était pas homme à le souffrir. L'excès de la fatigue endormit profondément Elisa, et elle se réveilla plus tranquille que la veille, étant assurée du respect d'Anselme, qui savait en imposer à ses camarades.

Tous les jours se passèrent de la même manière. Silvino pourvoyait à tout, et, dans ses courses du soir, il rapportait tout ce qui était nécessaire pour le lendemain. Comme il était très-gourmand, on était sûr que l'on faisait bonne chère quand c'était lui qui s'en mêlait. Le plaisir de la table est celui de tous que les jeunes femmes prisent le moins : aussi les longs dîners des trois moines l'ennuyaient à périr. Malgré l'esprit de Silvino, les sentences de Dominico, et les tendres aveux d'Anselme, elle trouvait ces jours bien désagréables, et elle désirait infiniment l'arrivée de Rosa, dans l'espoir de quitter ces vilaines voûtes noires.

Déjà depuis six jours elle n'avait pas vu le soleil, et il lui semblait qu'il y avait six semaines. — Quoi! disait-elle à Anselme, y aurait-il un si grand danger si nous allions à la petite pointe du jour nous promener dans ces jardins que vous me dites être si beaux? Si l'on nous rencontrait, on ne saurait qui nous sommes, et nous aurions toujours le temps de gagner les souterrains. Je me meurs ici dans ce triste séjour, et je sens que si je suis encore quelque temps sans prendre l'air, je tomberai malade.

Anselme n'avait rien à lui refuser. Il fut donc convenu que le lendemain matin, à l'aurore, on irait se promener dans les jardins. Avec quel ravissement Elisa revit la voûte céleste! — Oh! mon cher Anselme, lui disait-elle, si je pouvais savoir que mon père me pardonne, et qu'il consente à notre union, qu'il me serait doux d'habiter avec toi, non pas un palais comme celui de mon père, mais une simple maison, dont je voudrais que toute la magnificence fût dans les jardins. Ceux-ci sont beaux ; mais il y aurait encore mille choses à y désirer ; l'art y a trop soumis la nature à ses règles : ces allées sont à perte de vue, et cependant la main du créateur n'aligne pas les arbres. Ces bosquets sont charmans, et ils le seraient infiniment davantage, si la serpette eût respecté leurs jeunes rameaux, qu'elle a impitoyablement retranchés. O Anselme ! si jamais nous avons près de notre demeure un bois hospitalier, nous n'ôterons rien aux arbres de leur belle chevelure.

Anselme était au comble du bonheur, qu'elle parlât avec tant de plaisir du moment où ils seraient unis, quand tout à coup il entend dans ce même bosquet le bruit de longues robes de femmes, traînantes sur le sable, puis des pas légers, et enfin, des voix qui ne se rappellent que trop à son oreille. — Nous sommes perdus, dit-il tout bas à Elisa, voilà la duchesse et Fansonetta ; tâchons de les éviter ; et, en disant cela, il l'attire dans un petit pavillon assez en désordre, que la mère du duc avait fait construire au milieu des bosquets ; elle y passait une grande partie de ses jours : depuis sa mort, on l'avait abandonné, et le bas servait de serre au jardinier. Dans la crainte d'y être surpris, Anselme proposa à Elisa de monter à la pièce qui était au-dessus. Ce ne fut pas sans peine qu'ils y parvinrent, l'escalier étant à moitié rompu.

Cependant les meubles que la mère du duc y avait fait mettre y étaient encore ; ils étaient tous de son ouvrage. Bien des fois, dans son enfance, Anselme s'était endormi sur le lit de repos qui était au fond d'une alcove, autrefois fermée par des rideaux d'une étoffe incarnat, que les rats avaient presque entièrement rongée ; mais le lit existait encore, et

Anselme engagea son amie à s'y reposer, en l'assurant qu'elle n'avait point à craindre qu'on l'y surprît, personne ne venant jamais dans cette partie du pavillon. Quant à lui, s'approchant de la jalousie, il chercha à voir la duchesse et son amie, car il savait bien que c'étaient elles ; et soit curiosité, soit souvenir d'une passion qui lui avait été si funeste, il désirait entendre ce qu'elles se disaient ; ce qui lui fut bien facile, parce qu'elles vinrent s'asseoir sur un banc en face de la croisée où il était.

LA DUCHESSE.

Convenez, ma chère Fansonetta, que je suis bien malheureuse d'être réduite, pour pouvoir prendre l'air un moment, aux mêmes ruses que l'on emploierait pour le rendez-vous le plus agréable.

FANSONETTA.

J'en conviens, et la conduite de monsieur le duc est inconcevable. Vous traiter ainsi, madame, vous, la vertu même, de qui on ne peut pas dire un mot.

LA DUCHESSE.

Ah! c'est d'une bizarrerie incompréhensible, de ne pas me quitter une minute. Quand il n'a pas la goutte, ce n'est que demi-mal, parce que nous sortons ensemble; mais depuis quinze jours qu'il n'a pu quitter sa chaise longue, je n'aurais pas pris l'air un seul instant, si je n'avais pas saisi le moment où le sommeil l'accable; et je suis bien sûre, s'il se réveillait avant mon retour, que ce serait une scène à n'en pas finir.

FANSONETTA.

En vérité, madame la duchesse,

je vous trouve bien bonne de supporter une pareille conduite : sage comme vous êtes, je me plaindrais plutôt que de souffrir un pareil esclavage.

LA DUCHESSE.

J'ai été long-temps sans pouvoir m'y soumettre : mais qu'y aurais-je gagné ?

FANSONETTA.

D'être libre.

LA DUCHESSE.

Et pouvons-nous jamais l'être!... Le respect humain, ces lois que les hommes ont faites et auxquelles nous avons eu la bêtise de nous soumettre, tout nous enchaîne. Il est certain qu'en naissant, nous n'avons que malheur à attendre. Que me servent les immenses richesses de mon époux? En suis-je plus heureuse ? Il n'y a pas deux jours qu'on lui apporta de l'Inde deux sacs pleins de pierreries du plus grand prix ; c'est au moins la valeur de douze à quinze cent mille livres : eh bien ! il les a placées dans une cassette avec la même indifférence qu'il se couche auprès de moi.

FANSONETTA.

Il n'est donc pas amoureux de vous ?

LA DUCHESSE.

Pas l'apparence : il ne l'a jamais été et ne le deviendra pas ; mais il a rêvé un matin qu'il importait à la balance de l'Europe que nous ayions un héritier mâle, et depuis ce moment il ne me quitte pas, afin de ne pas perdre l'instant favorable pour donner la vie à cet être important (1).

(1) Cette histoire de la duchesse valait bien celle de Fansonetta. Ah ! vivent les femmes pour mentir avec grâce !

2.

FANSONETTA.

Ah! c'est la raison qui fait que, depuis long-temps, il ne veut pas que vous soyez seule un moment. Eh bien! croiriez-vous qu'il y avait des personnes assez mal intentionnées pour imaginer que c'était par jalousie, et que l'objet était ce pauvre Anselme? Mais je ne l'ai pas cru.

LA DUCHESSE.

Vous aviez bien raison; c'est comme si j'avais voulu prêter l'oreille à ceux qui disaient que Dominico vous est plus près que vous ne le dites.

FANSONETTA.

Ah! les langues sont si venimeuses, que vraiment elles dégoûteraient de la vertu; mais, pour en revenir à ces bons jeunes gens, savez-vous, madame, que j'en suis très-inquiète? On m'a écrit qu'ils avaient disparu de Bologne; on assure même que Silvino a enlevé la fille du prince del Monte-Tenero : on parle de chef de brigands.

LA DUCHESSE.

Ah! croyez-vous qu'Anselme soit compromis, et votre neveu ?

FANSONETTA.

Il y a bien à le craindre, puisqu'ils sont en fuite.

LA DUCHESSE.

Les malheureux! malgré tout ce que vous avez pu leur dire, ils n'ont jamais voulu rompre avec ce scélérat de Silvino. O ma chère Fansonetta! je vous en conjure, ne négligez aucun soin, aucunes recherches pour savoir ce qu'ils sont devenus; et, tirant de sa poche une bourse qui paraissait pleine d'or, n'épargnez pas l'argent, qui ne manquera pas.

Si ces bruits sont vrais, et que la justice vienne à en prendre connaissance, arrachez-les à sa poursuite : il est si affreux de voir périr ignominieusement des enfans qu'on a élevés! Et des pleurs bordèrent ses paupières.

Fansonetta la serra contre son sein, et se reprocha d'avoir pu affliger un cœur aussi sensible. Craignant que le duc ne se réveillât, elles se levèrent et reprirent la route du palais.

Cette conversation fit une grande impression sur Anselme. Il n'avait plus d'amour pour la duchesse, mais il ne pouvait oublier tout ce qu'elle avait fait pour lui; et de la trouver encore si sensible à son sort, lorsqu'il n'avait rien fait pour adoucir le sien, lui fit éprouver quelques remords; mais Elisa ne lui laissa pas le temps de s'y livrer.

Il me paraît, dit-elle, que l'on est éloigné; je n'entends plus parler. —

Oui, Elisa ; il ne faut pas perdre de temps pour gagner le souterrain. — Ne serait-il donc pas possible que je restasse ici ? Vous m'apporteriez la nuit quelques provisions, et je sens que j'y serais bien moins malheureuse que dans les cavernes. — Il est impossible, chère Elisa, que je consente à ce que vous désirez : nous pouvons d'un moment à l'autre être forcés de partir, et si vous étiez séparée de nous, il n'y aurait rien à quoi je ne m'exposasse plutôt que de vous laisser en arrière ; car je ne puis vivre sans vous. Elisa le crut, et le suivit.

En arrivant au souterrain, ils trouvèrent Dominico, qui leur dit : N'avancez pas. — Qu'est-il donc arrivé ? — Le plus affreux malheur. — Est-ce à Silvino ? — Oui, c'est à lui. — Est-il arrêté, blessé ou mort ? — Rien de tout cela, mais bien pis encore. — Pis ! déshonoré ? il ne le redoute pas. — Non, mais ruiné, complétement ruiné : l'infernale Rosa lui a tout enlevé. — Et qui le lui a dit ? — Elle-même, dans une lettre qu'elle a jetée par l'entrée du souterrain ; ce qui a mis Silvino dans une telle rage, qu'il n'y a pas de sûreté de l'approcher. Il faut le laisser à lui-même : sa fureur s'appaisera comme celle des vents qui soufflent dans nos montagnes.

Dominico n'avait pas cessé de parler, que les échos des voûtes répétaient les imprécations que Silvino prononçait contre l'infidèle Rosa. Puisse, disait-il, la terre se changer pour toi en une plaque de fer rouge, que tu sois forcée d'y marcher sans cesse ! Puisse le ciel faire tomber sur toi la foudre, la grêle et les torrens d'une pluie froide et malfaisante, qu'aucun toit ne te mette à l'abri ! Ce n'est point toi que je regrette ; je ne connus jamais l'amour, cette passion des âmes faibles : mais je t'avais laissée dépositaire de ma fortune, et tu me l'enlèves ! Tu m'ôtes le fruit des travaux les plus pénibles, tu vas en jouir seule ! Ah ! que ne puis-je savoir dans quelle contrée tu portes tes pas ; je t'y suivrais pour t'arracher mes trésors ! Eh ! le pourrais-je, enchaîné par ce qu'ils appellent un crime, il faut que je consente à périr sur l'échafaud, ou à languir dans ces souterrains ? O mes amis ! mes malheureux amis ! pourquoi vous ai-je associés à mon sort ! Ils ne me le pardonneront jamais, ils n'aimeront plus Silvino, qui pourtant n'existait que pour eux, ne voulait de richesses, de plaisirs que pour les partager avec eux. Ah ! si l'infâme Rosa m'avait privé seul des avantages de la fortune, je lui pardonnerais ; mais avoir entraîné dans ma ruine mes amis, les compagnons de mon enfance, voilà ce que je ne puis supporter.

Anselme jugea aux sentimens qu'il témoignait pour lui et Dominico, que la violence de son désespoir était calmée, et avait fait place à la sensibilité, qu'ainsi on pouvait sans crainte l'aborder. Il s'avança donc vers lui.

Du plus loin que Silvino aperçut Anselme, il se cacha la tête dans ses mains. Oh! malheureux jeunes gens, dit-il, c'est moi qui vous ai perdus; mais le ciel m'est témoin que je n'aimais que vous deux dans la nature entière, que je n'avais formé le projet d'être riche que pour vous procurer toutes les jouissances. J'espérais passer ma vie avec vous dans un cercle de plaisirs, et je vous ai plongés dans le dernier degré de l'infortune. O mes amis! délivrez-moi d'une vie qui ne peut que m'être importune, dès que je n'ai plus l'espoir d'embellir la vôtre. — Que me dis-tu? lui répondit Anselme: ce n'est point la fortune qui fait seule le bonheur: nous sommes jeunes et robustes, nous travaillerons; que je puisse seulement procurer à ma chère Elisa les jouissances simples de la nature, et je n'aurai rien à désirer.

Cependant celle-ci était profondément affligée de tout ce qu'elle entendait; elle regrettait le palais de son père. Celles qui disent que l'amour console de tout, ne se sont pas trouvées, avec des voleurs ruinés, dans un grand souterrain, en société avec les rats, les lézards et les crapauds, sans savoir quand et comment on en sortira : je défie, quelque amoureux que l'on soit, que l'on puisse trouver cette situation agréable : aussi Elisa avait beau aimer Anselme, elle eût donné tout au monde pour changer son sort.

Le discours de l'enfant de saint Benoît n'avait pas moins fait une grande impression sur celui de saint François. Il vit avec le plus grand plaisir que ses amis lui restaient fidèles dans l'infortune, et il ne s'occupa plus que des moyens de leur en marquer sa reconnaissance. Comment peut-on croire qu'une aussi sincère amitié réside dans le cœur d'un scélérat ? On a de la peine à le penser : on veut qu'amitié et vertu soient synonymes : cela peut être généralement parlant; mais mes trois moines font exception à la règle. Quels liens les unissaient! Il faut en revenir à la sympathie qui, sans calculer les bonnes ou les mauvaises qualités, fait qu'on s'attache, presque à la première vue, à l'individu avec lequel nous nous sentons en rapport. Si on joint à cela la force de l'habitude et la conformité des goûts, on cessera d'être surpris de l'extrême attachement que ces trois hommes avaient l'un pour l'autre.

Anselme, cherchant à distraire Silvino du chagrin qui le dévorait, lui racontait la conversation qu'il avait entendue le matin. Ce dernier n'en perdit pas un mot, et un rayon de joie parut sur son front. — Il faudra bien, dit-il quelque temps après, aviser aux moyens de sortir d'ici; car autant vaudrait être mort qu'enterré vivant. N'est-il pas vrai, l'aimable enfant, en s'adressant à Elisa, que vous n'avez pas envie de passer ici vos jours? — Ils seraient bien tristes, reprit-elle avec franchise; et je dirais bien comme vous, autant vaudrait-il être morte. — Laissez-moi faire, nous en sortirons. — Ah! ne va pas, dit Dominico, te mettre encore quelque mauvaise affaire sur les bras. — Qui ne risque rien, n'a rien. — A merveille; mais risquer sa vie, c'est trop. — La passer dans la misère est indigne d'un homme tel que moi; d'ailleurs, je ne vous demande pas, l'homme prudent, de vous mêler de mes entreprises : tout ce que je veux, c'est que vous en partagiez les avantages. — Ceux que nous recueillons dans ce moment, dit Anselme, ne sont pas brillans. — Cela viendra, reprit Silvino ; et il se mit à chanter. Les deux amis se regardaient, et disaient : Comment a-t-il si promptement passé d'un affreux désespoir à sa gaîté accoutumée; nous devrions être habitués à ses bizarreries, et elles nous surprennent toujours. Le trouvant de si bonne humeur, Anselme lui demanda à voir la lettre de Rosa. — Ah! c'est une belle pièce, dit-il; on peut la regarder comme le comble de l'impudence et de l'ingratitude.

Lettre de Rosa à Silvino.

« Je pourrais vous laisser attendre mon arrivée, et ce serait peut-être ce que j'aurais de mieux à faire; mais je suis bonne, et je pense qu'il est bon que vous sachiez à quoi vous en tenir. Ne comptez donc absolument sur rien de ce que je vous avais promis. Je me fais honnête femme, et par conséquent je ne puis plus avoir avec vous aucun rapport. Oubliez-moi; c'est ce que vous pouvez faire de plus sage. La petite Elisa est assez bonne pour me remplacer. Pour moi, je vais épouser un fort galant homme avec qui je veux vivre en vraie Lucrèce, sans cependant me poignarder, s'il m'arrivait quelque accident. Adieu, mon cher : je vous souhaite autant de succès, pour recommencer votre fortune, que vous en aviez eu jusqu'ici ; et souvenez-vous qu'on ne doit de confiance qu'à ceux qui méritent l'estime. Mes complimens à vos compagnons d'infortune, et croyez que je serai toujours votre amie.

Rosa. »

— Tu as raison, je ne crois pas que l'on puisse porter l'insolence plus loin. Je plains le malheureux qui épousera une telle femme. — Avec ma fortune, elle s'assure un état, une existence ; et moi, elle me laisse dans la misère. Quand je pense que je n'ai pris que cent pièces d'or, pas un bijou, pas un diamant, quelle bêtise ! mais, enfin, je trouverai peut-être le moyen de m'en dédommager, et j'ai honte de la faiblesse que j'ai eue de m'en affliger. Il est certain que je perds plus de cent mille écus ; mais, malheur à ceux qui seront chargés de la restitution. — Que veux-tu dire ? — Rien ; déjeûnons. J'ai encore de quoi bien vivre pendant quelques jours ; après, nous verrons.

Rien ne changea en effet pendant une semaine, et Silvino semblait avoir oublié ses projets et la trahison de Rosa, quand un soir il ne rentra pas comme il avait coutume ; et il n'avait point emmené ses chevaux, ce qu'il faisait toujours quand il allait à la provision. Anselme et Dominico étaient extrêmement inquiets. Que lui est-il arrivé ? disaient-ils ; et ils pensaient qu'il avait peut-être cherché à retrouver les traces de Rosa, pour lui reprendre sa fortune. Ils passèrent une partie de la nuit allant d'instant en instant écouter à l'entrée du souterrain s'il ne venait pas. Elisa qui ne partageait point leurs alarmes (car elle n'aimait pas Silvino, quoiqu'elle le trouvât aimable), se coucha et s'endormit paisiblement; et les deux moines accablés de fatigue et de chagrin, se jetèrent enfin sur leurs lits.

Il était près de trois heures du matin, quand Anselme crut entendre marcher sous les voûtes. Est-ce toi, dit-il à Dominico, qui t'es déjà levé ? — Non, je ne tarderai pas ; mais je ne le suis pas encore. — Entends-tu marcher ? — Oui, c'est peut-être Silvino, et il l'appela ; mais personne ne répondit.

Dominico qui prévoyait toujours des malheurs, crut qu'on les avait découverts ; et faisant du feu, il prit son poignard, et s'avançant à la rencontre de celui dont il avait entendu les pas, il ne trouva personne. Cependant une seule arcade conduisait du centre des souterrains à l'entrée extérieure. C'était bien dans cette galerie qu'il avait entendu marcher.

Qu'est-on devenu ? il ne croyait pas aux contes dont on l'avait bercé dans son enfance ; non, il n'y croyait point. Mais comment cependant expliquer ces pas que lui et son camarade avaient entendus, et la profonde solitude de ces sombres voûtes. C'est peut-être quelqu'un qui y a pénétré, et en est ressorti : on les aura vus pendant qu'ils étaient endormis ; on s'est assuré qu'ils sont là, et l'on va revenir avec main-forte pour les enlever et les conduire dans les prisons de Ferrare.

Cependant Anselme le rejoint, et n'est pas moins surpris de ne rien trouver. Ils parcourent toute l'étendue des souterrains, pensant que le sommeil où ils étaient plongés les a empêchés de distinguer la direction de la marche. Leurs recherches furent aussi infructueuses que celles de Dominico; et Anselme naturellement plus hardi que son ami, n'était pourtant pas sans inquiétude.

Ils revenaient tristement sur leurs pas, quand ils aperçurent un paquet entortillé dans un mouchoir souillé de sang. — Que vois-je ? dit Anselme : du sang ! Cependant la curiosité l'emporte sur l'effroi : il le dénoue en tremblant, et trouve une bourse pleine de pièces d'or, une boîte contenant des pierres précieuses, et un billet dont ils reconnurent l'écriture. Il était de Silvino, et conçu en ces termes :

Billet de Silvino à ses amis.

« La fortune m'a rendu bien plus que nous n'avions perdu ; mais il n'en est pas moins nécessaire de nous éloigner promptement des souterrains. Je vous attends aux pieds des Appennins, dans la vallée de **. Vous demanderez la maison de Petro Bigaï, que l'on vous indiquera, et j'y serai pour aviser aux moyens de nous établir d'une manière tranquille. Pour y parvenir, n'emmenez pas Elisa ; les femmes ne sont bonnes à rien dans ces pénibles voyages, et sont souvent nuisibles. Qu'Anselme la mette en mains sûres, pour la reprendre quand il voudra : il peut être certain de lui offrir un sort brillant ; car nous sommes riches, très-riches. Adieu, je vous attendrai quinze jours dans la vallée : si vous ne venez pas, j'enterrerai mon trésor au pied d'un grand arbre qui est à droite de la porte de la cabane, où vous pourrez le prendre en entier ; car Silvino abandonné de ses amis, n'aura plus besoin de rien. *Adio, carissimi amici.*

Silvino. »

Cette lettre causa aux deux amis une profonde douleur. Ce sang dont le mouchoir qui renfermait le billet était teint, cet or, ces diamans, l'avis de quitter promptement les souterrains, tout annonçait que Silvino ne s'était procuré les richesses dont il parlait que par un crime. Anselme frémit à l'idée que peut-être le duc.... Mais non, comment aurait-il pénétré dans son palais, dont il faisait fermer les portes avec tant de soin. Ce n'est pas lui qui sera tombé sous les coups de Silvino. Anselme l'espère ; mais quel que soit le malheureux, qui n'aura perdu ses trésors qu'avec la vie, il n'en est pas moins certain que Silvino est un assassin.

Dominico n'adopte point cette fatale idée : il soutient que c'est à Rosa que Silvino a repris sa fortune, et peut-être ne l'a-t-il pu sans un combat où lui-même aura été blessé, et voilà ce qui est cause que le mouchoir est teint de sang. Quel que soit l'événement, il n'en faut pas moins quitter promptement les souterrains ; Silvino conseille de laisser Elisa pour la reprendre un jour. Vain espoir !

comment revenir dans ces lieux, dont Anselme ne doute pas qu'un forfait les bannit. Mais aussi comment exposer la douce et timide Elisa aux fatigues et aux dangers d'une route aussi longue. D'ailleurs, si Anselme pénètre le sens de ce billet, et que celui qui l'écrit soit un assassin, n'y a-t-il pas à craindre que, regardés comme ses complices, ils ne partagent le sort déplorable auquel les grands criminels échappent rarement? Ira-t-il, pour récompense de la tendre confiance d'Elisa, la conduire à l'échafaud ? Non, il en est incapable : il mourra de la douleur d'être séparé d'elle, mais il mourra sans exposer les jours de sa maîtresse. La seule chose qui l'inquiète, c'est de savoir à qui il confiera ce trésor. Les momens sont courts : Dominico lui offre de la remettre à sa tante. — Eh! mon ami, nous serions alors reconnus; et si ce malheureux Silvino s'est porté à quelque exécution saiguinaire, on nous arrêtera. Mais il me vient une idée : je vais écrire à la duchesse, et je suis bien sûr qu'elle ne perdra pas un instant pour tirer Elisa de cette triste prison. Ah! puisse-t-elle avoir envoyé près de mon amie, avant que cette pauvre infortunée ouvre les yeux, et se trouve seule sous ces voûtes, qui répéteraient inutilement le son de sa voix !

- Ne perdons pas un instant, dit Dominico ; et tandis qu'il selle les chevaux, Anselme écrit à Célesta, cachette sa lettre, puis s'avance sur la pointe du pied, retenant son haleine, tremblant de faire le moindre bruit ; il s'avance, dis-je, pour considérer encore une fois celle qu'il craint de ne revoir jamais. Qu'elle est belle ! que le calme du sommeil prête de charmes à sa figure ! Des songes agréables l'occupent, sa bouche sourit, ses lèvres s'entr'ouvrent pour prononcer des mots qu'elle croit articuler : un de ses bras est posé sur sa tête, et l'autre tombe négligemment auprès d'elle. Anselme qui va la quitter, la quitter peut-être pour toujours, n'est pas maître de ses transports. Il presse de sa bouche enflammée, cette main que l'amour et le sommeil lui abandonnent. Il ne peut se déterminer à s'en séparer ; mais Dominico qui craint d'être surpris, vient le tirer de l'extase où les charmes d'Elisa le plongent, et obtient enfin qu'il le suivrait. Il s'arrête encore, regarde l'objet de toutes ses affections, soupire et s'éloigne sans retour.

Dès les premiers jours qu'ils habitaient les souterrains, Silvino s'était occupé de se procurer et à ses compagnons des habits laïques ; car il pensait bien qu'ils avaient renoncé à leur cloître pour toujours. Anselme et Dominico n'avaient pas encore quitté l'habit de leur ordre ; mais au moment d'entreprendre une longue route, ils se revêtirent de ceux que Silvino leur avait choisis, et qui leur allaient à ravir. Leurs chevaux étaient aussi très-beaux. Ainsi, ils avaient bien plus l'air de jeunes gentilshommes allant en bonne fortune, que de moines renégats fuyant l'échafaud.

Anselme était très-empressé de trouver quelqu'un qui portât son billet à la duchesse. Il s'arrêta au premier hameau; et s'adressant à une vieille femme qu'il se rappelait avoir vue quelquefois au palais pour y venir chercher des aumônes que la duchesse lui donnait, il lui dit : Ma bonne, pourrais-je être sûr que vous ne perdrez pas un instant pour remettre à madame la duchesse de **, ce billet qui contient les choses les plus importantes pour elle ?

— Vous y pouvez compter, mon beau seigneur; ce ne serait que pour vous que je le ferais, car vous paraissez aussi bon que vous êtes beau; mais pour madame la duchesse il n'est rien que je ne fasse, c'est ma bienfaitrice, sans elle je serais accablée par la misère. Soyez sûr qu'avant une heure je serai au palais. Anselme lui donna une pièce d'or et partit. Laissons nos deux moines courir par monts et par vaux pour retrouver le troisième, et suivons la vieille au palais du duc de **.

Qui peindra l'effroi que cette bonne femme éprouva, lorsqu'en arrivant elle vit le palais plein d'officiers de justice et de sbires! — Que s'est-il donc passé, demanda la vieille à un des estafiers. — Quoi! vous ne savez pas que monseigneur a été assassiné cette nuit, et qu'on lui a volé deux sacs contenant pour quinze cent mille francs de pierreries! — Et qui a fait le coup? — Madame la duchesse paraît le savoir et ne veut pas le dire. — On ne peut donc pas lui parler? — On la garde à vue. — C'est que je suis chargée de lui remettre cette lettre. — Y a-t-il une réponse? — On ne m'a pas dit d'en demander. —Donnez, je vais tâcher de la lui faire parvenir. L'estafier la prit et ne revint pas. La pauvre vieille ayant attendu inutilement si elle pouvait voir la duchesse, retourna dans sa maison en disant : pauvreté n'est donc pas un si grand mal qu'on le dirait bien, puisqu'on ne vous assassine pas pour avoir vos pierreries; mais je suis bien touchée que ma bonne protectrice soit accusée : comment peut-on penser qu'une si bonne et si vertueuse femme ait tué méchamment son seigneur et époux ? Faut être noir comme ces gens de justice pour avoir pensée semblable; et elle trouva encore que pauvreté valait mieux que tant de gloire et pareil chagrin.

Il n'était que trop vrai que le duc avait été assassiné, et que Silvino était l'auteur de ce meurtre. Ayant appris par Anselme que ce seigneur avait une grande quantité de pierreries dans sa chambre, il forma le projet de les lui enlever : voici comme il s'y prit.

Changeant ses habits contre ceux d'un paysan, il vint demander de l'ouvrage au jardinier qui ne le reconnut point, ne l'ayant pas vu depuis l'âge de quatorze ans, et Silvino en avait vingt-neuf à cette époque. Une moustache noire avait remplacé ce léger duvet qui ombrageait son menton arrondi par les grâces : son regard doux et fin était devenu fier et altier, son son de voix n'était plus argentin, mais mâle et même rauque ; enfin on ne pouvait plus reconnaître l'espiègle Silvino dans le scélérat Pezzali ; ainsi il ne lui fut pas difficile de tromper les yeux du jardinier. Il demanda le gîte pour le soir, et il soupa avec lui et sa famille.

Comme il connaissait parfaitement les différens détours du palais, il gagna une galerie souterraine dans laquelle était un escalier qui communiquait à l'appartement du duc.

Il avait passé plusieurs fois par cette porte, lorsqu'Anselme l'introduisait chez la duchesse par les petites entrées ; il avait une si grande mémoire, qu'il se souvenait de la clef : il l'avait dessinée et fait exécuter à un serrurier. Il ne fallait plus qu'essayer s'il ne s'était pas trompé, et en effet il ouvrit sans aucune difficulté cette porte qui donnait dans l'alcove où le duc et la duchesse étaient couchés. Un petit chien de l'espèce qu'on nomme aujourd'hui Carlin, et qui alors était connue sous le nom de chien de Bologne, entendant du bruit, se mit à japer, et réveilla le duc et sa femme. Une lampe brûlait.

Silvino, sans paraître intimidé, continue, malgré les abboiemens du chien, à marcher droit à la cassette qui renfermait les deux sacs de pierreries. Le duc voyant un homme dans sa chambre, se lève, prend son épée et vient sur Silvino qui s'arrête et lui dit : Je ne veux pas votre mort, mais bien vos pierreries, parce que j'en ai besoin, et qu'elles vous sont parfaitement inutiles. Le duc, au lieu de répondre, lui allongea un coup d'épée qui vint effleurer le bras de Silvino. Celui-ci voyant son sang couler ne fut plus maître de lui, et tournant aussitôt son poignard contre le duc, il l'étendit mort à ses pieds. — O ciel! s'écria la duchesse en voyant tomber son époux. — Ne craignez rien, lui dit Silvino, vous êtes pour moi un être sacré, parce que vous êtes chère à Anselme. Laissez-moi prendre les deux sacs, et n'appelez que lorsque vous serez certaine que je serai sorti du palais. C'est Silvino, l'ami, le compagnon d'Anselme, qui vous demande cette grâce. Je ne voulais pas tuer votre époux, mais il a été l'aggresseur : la défense est de droit naturel. — Ah Silvino! dit la duchesse, vous ne démentez pas ce que promettaient vos jeunes années; mais fuyez, et soyez assuré que je vous laisserai tout le temps d'être en sûreté, vous et vos malheureux compagnons.

Silvino prit les pierreries et deux bourses contenant mille pièces d'or, enveloppa le tout dans un mouchoir qui était dans la chambre, sans s'apercevoir que le sang du duc avait jailli dessus. Puis il demanda à Célesta la permission d'écrire à ses compagnons, pour qu'ils pussent se mettre à l'abri de la justice, qui peut-être les voudrait rendre responsables d'un événement dont ils étaient parfaitement innocens, car ils ne savaient pas seulement qu'il dût tenter d'enlever les pierreries.

Je ne demande pas mieux, dit-elle, mais ne perdez pas un instant, car si l'on vous surprend... Tandis qu'il écrivait, la duchesse, presque nue, était debout, portant un regard effrayé sur le corps inanimé du duc et sur son meurtrier, qui, tranquille, paraissait écrire avec autant de sang-froid qu'un général d'armée donnant sur le champ de bataille des nouvelles du combat. Célesta voulait savoir où était Anselme, et n'osait interroger son barbare compagnon. Cependant l'attachement qu'elle conservait à son amant, fut plus fort que la crainte dont l'action de Silvino remplissait son âme, et elle lui dit : Avez-vous bien loin à faire porter cette lettre ? — Très-loin, reprit Silvino. — Et qui la remettra ? — Moi. — Ne pourrais-je savoir quelle contrée il habite ? — Non, qu'il vous suffise de savoir que Silvino Pezzali veille sur lui, et qu'ainsi il ne peut lui arriver aucun malheur. Adieu, Madame, il est deux heures du matin, à cinq vous pourrez éveiller vos gens, ils ne me rejoindront pas; et redescendant par le même escalier par lequel il était monté, il suivit la galerie souterraine, en ouvrit la porte qui donnait dans les jardins, et gagnant l'entrée de sa retraite, il s'asseoit, met deux ou trois cents pièces d'or dans une des bourses, et environ pour cent mille francs de pierreries et sa lettre, enveloppe le tout dans le fatal mouchoir, entre dans les souterrains, y laisse ce qu'il destine à ses amis, les entend se réveiller, l'appeler, mais se garde bien de leur répondre, cherche dans les ténèbres l'échelle qui lui avait servi à descendre dans le jardin, la porte au mur mitoyen de l'ancienne maison de son père, l'escalade, et par le même moyen se trouve dans la cour, entre dans l'écurie où il savait qu'était encore la jument de Dominico, ayant rencontré plusieurs fois dans ses courses le propriétaire de sa ci-devant maison monté dessus.

Il l'a bientôt sellée et bridée; et ouvrant la porte qui n'était fermée qu'en dedans, il traverse la ville et suit la route pour se rendre dans la vallée de **, et y attendre ses deux amis, comme il le leur a promis.

Nous verrons dans quelques instans comment ils se retrouvèrent : occupons-nous maintenant de la duchesse et de la pauvre Elisa.

Il y avait environ deux heures qu'Anselme et son compagnon avaient quitté les souterrains, lorsqu'Elisa ouvrant les yeux fut surprise de ne point voir son amant qui, depuis le jour qu'ils habitaient cette sombre retraite, n'avait jamais manqué de rester auprès de son lit, jusqu'à son réveil, pour la garantir de toute entreprise téméraire de la part de ses camarades, et pour être le premier sur qui ses beaux yeux se fixassent. Où est-il donc, se disait-elle ? qu'est-il devenu ! Et se rappelant que la veille Silvino n'était pas rentré, elle imagina qu'il était allé à sa rencontre, d'autant qu'elle ne voyait pas non plus Dominico. Est-il possible qu'ils s'exposent ainsi ! s'ils étaient surpris par les sbires, comment se défendre ! Quelque brave que l'on soit ; on ne peut résister au nombre. Ah ! s'il arrivait un malheur à mon cher Anselme, que deviendrais-je ! Peut-être aussi ne sont-ils sortis que pour apporter les provisions qui nous sont nécessaires. Cette idée la rassura. Elle se lève, s'habille, et s'avance dans la partie des voûtes qui communiquent aux jardins : le soleil y pénétrait par les intervalles que les pierres qui s'étaient détachées laissaient à découvert, et ses rayons bienfaisans dissipaient en partie l'humidité de cette habitation caverneuse : les parfums des fleurs, apportés sur les ailes du zéphir, chassaient les vapeurs méphitiques qui se trouvent toujours dans un lieu renfermé. Enfin Elisa n'était pas aussi mal dans cette habitation souterraine qu'elle y avait été jusqu'alors.

Il est vrai que Silvino n'y était point, et qu'Elisa, sans savoir ce qui lui faisait trouver sa présence pénible (car elle rendait hommage à ses qualités extérieures), ne pouvait le voir sans une sorte d'horreur. Ses maximes lui paraissaient si hardies, son insensibilité, excepté pour Anselme et Dominico, si complette, qu'elle le croyait capable de tous les crimes, et qu'elle craignait toujours qu'il n'entraînât des amis, qu'il disait lui être si chers, dans un dédale de maux dont ils ne pourraient plus se tirer. Pauvre Elisa ! ce n'est pas ton amant, ce n'est pas Dominico que le cruel Silvino va livrer à la justice, c'est toi, toi que ton inexpérience a amenée sous ces voûtes dont tu ne sortiras que pour être conduite dans un affreux cachot. Ni ta jeunesse, ni ton innocence, ni tes hautes destinées ne t'empêcheront pas d'entendre prononcer l'arrêt de ton trépas.

Mais n'anticipons point sur ce triste récit, suivons son ordre, et voyons la pauvre petite Elisa allant au-devant de ceux qui la cherchent sans la connaître, sans avoir aucune idée qui elle peut être. Nous avons dit que l'estafier avait pris la lettre des mains de la vieille, en promettant de faire son possible pour la remettre à la duchesse. Comme il allait remplir sa promesse, un sbire l'arrête, s'empare de ce papier qu'il croit avec raison devoir donner des lumières sur le complot formé pour arracher la vie au duc, et le porte au juge qui, sans respect pour le secret inviolable des lettres, l'ouvre et y trouve ce qui suit :

―――――

Billet d'Anselme à la duchesse de ★★.

« Quand un sort cruel me force à fuir ma patrie, peut-être pour jamais, me sera-t-il permis, Madame, de mettre sous vos auspices un être digne de toutes vos bontés, et qui était né dans un rang à n'en réclamer de personne. Cette victime d'un amour malheureux habite les souterrains du vieux palais : daignez y descendre, ou engagez Fansonetta à y aller. On la trouvera seule, désespérée, peut-être ; car elle daigne m'aimer. Je n'ai cependant pas cru devoir lui écrire : la crainte que l'on ne pénétrât dans cette sombre habitation avant que vous ayez reçu cette lettre, me ferait appréhender de me trahir et de la rendre suspecte. Veuillez donc lui dire que son malheureux ami a cédé à la cruauté des circonstances ; mais qu'il ne vivra que pour elle, et l'amie secourable qui l'aura sauvée ; et que dès qu'il pourra reparaître sans crainte dans le pays, il y reviendra, et laissera les deux plus intéressantes femmes qu'il ait jamais rencontrées les arbitres de son sort, le sien étant de respecter et de chérir jusqu'à son dernier soupir sa belle et sensible amie.

« Je ne signe point, espérant que ces caractères, madame la duchesse, ne sont pas entièrement efacés de votre mémoire. »

Le premier usage que l'on fit de cette lettre, fut de descendre dans les souterrains. On n'eut pas longtemps à les parcourir : la pauvre Elisa croyant que c'était son ami qui rentrait, accourut au-devant de ces barbares, qui, d'abord frappés de sa beauté, restent un moment suspendus entre l'admiration et leur devoir. Cependant le dernier l'emporta ; et, lorsqu'ils virent Elisa fuir avec la rapidité d'une biche au fond de ces souterrains, ils la poursuivirent et l'atteignirent : mais tandis que plusieurs s'en emparent, un d'eux ramasse le mouchoir du duc, que Dominico n'avait pas emporté dans la crainte que ce sang dont il était taché ne les fît soupçonner. Ce mouchoir avait une marque distinctive qui prouvait qu'il appartenait au duc. Il était teint de sang : on le trouvait dans le même souterrain où l'un des complices engage la duchesse à descendre pour recueillir une jeune personne qu'il dit être sa maîtresse. Il paraît par cette même lettre qu'il a été très-bien avec la duchesse : il n'est donc pas douteux que ces deux femmes connaissent les auteurs du meurtre, et que la duchesse en a été instruite, si ce n'est pas elle qui l'a commandé.

On ne balance pas à charger de chaînes les mains délicates de l'infortunée Elisa. En vain elle assure qu'elle ne sait rien de ce qui s'est passé; qu'elle a été enlevée, il y a environ six semaines, et conduite dans ces souterrains, mais qu'elle ne sait point ce que faisaient ceux qui l'y ont amenée. On lui demande leurs noms, elle dit ne les point savoir. Enfin, voyant qu'ils n'en pouvaient tirer aucun éclaircissement, ils la conduisent au palais où elle fut confrontée avec la duchesse, qui n'ayant point reçu la lettre d'Anselme, était singulièrement surprise de se voir amener cette jeune et belle personne, en qui tout décelait la plus grande naissance, comme complice du meurtre du duc dont on l'accusait elle-même. Cependant le juge donne une forme judiciaire à cette entrevue. Après avoir demandé l'âge, le nom et l'état des prévenus, il les interroge en ces termes :

LE JUGE.

Connaissez-vous madame la duchesse ?

ELISA.

Non, je ne l'ai jamais vue.

LE JUGE.

Connaissez-vous cette jeune personne ?

LA DUCHESSE.

Je ne la connais point.

LE JUGE.

Connaissez-vous celui qui a assassiné le duc de ** ?

ELISA.

Je ne savais pas que ce duc existât.

LE JUGE.

Que faisiez-vous dans ces souterrains ?

ELISA.

J'y étais venue avec des amis qui m'y ont laissée.

LE JUGE.

Y a-t-il long-temps qu'ils sont partis ?

ELISA.

Que vous importe.

LE JUGE.

Vous devez répondre. Y avait-il long-temps qu'ils étaient partis ?

ELISA.

De cette nuit.

LE JUGE.

Et combien y avait-il qu'ils étaient avec vous ?

ELISA.

Près de six semaines.

LE JUGE.

Et combien étaient-ils ?

A un signe que la duchesse fit à Elisa, elle suspendit la réponse qu'elle était prête d'articuler, et se contenta de dire qu'ils étaient plusieurs.

LE JUGE.

Ce n'est pas là la réponse que vous alliez faire. Elisa del Monte-Tenero, le coup-d'œil de votre complice ne nous a pas échappé.

LA DUCHESSE.

Les criminels ont seuls des complices, et je ne puis en avoir.

LE JUGE.

Si vous étiez innocente, vous eussiez laissé cette jeune personne répondre à la dernière question que je lui ai faite. Et d'ailleurs qui peut croire que vous n'êtes pas coupable, quand vous n'avertissez du meurtre de votre époux que plusieurs heures après qu'il a été commis, ce que l'inspection du cadavre a prouvé? Vous avez laissé votre époux sans les secours de l'art, qui l'eussent peut-être rappelé à la vie, pour que ses assassins eussent le temps de fuir.

Mais vous ne vous attendiez pas qu'un des assassins vous écrirait pour vous charger de sa maîtresse. Connaissez-vous cette écriture ? La duchesse, en apercevant la lettre, changea de couleur, et se contraignit pour la lire ; mais elle ne put assez dissimuler la terrible impression qu'elle lui faisait éprouver. Mais combien on était loin d'en savoir la cause ! La jalousie seule la troublait. Elle aperçut à l'instant par cette lettre ce qu'elle n'aurait jamais voulu savoir, qu'elle avait une rivale, et que cette rivale réunissait tout ce qui peut plaire et intéresser. Anselme, tout occupé de l'objet de sa nouvelle passion, ne sentait pas que sa lettre serait pour la duchesse, qui avait la bonté de l'aimer encore, un coup de poignard ; mais surtout il ne s'imaginait pas qu'elle lui serait présentée en justice, et qu'elle servirait, par l'émotion qu'elle causa à la pauvre Célesta, de preuve de conviction d'un crime dont Anselme n'avait pas même l'idée. Ce fut cependant ce qui arriva. Le sens énigmatique de la lettre, la certitude que la duchesse en connaissait l'écriture, furent des indices qui parurent si clairs au juge, qu'il ordonna que Célesta serait conduite dans la tour, ainsi qu'Elisa, mais dans des cachots séparés, et qu'elles y resteraient jusqu'à ce qu'elles eussent avoué quel était l'assassin du duc de **.

Qu'on se figure l'état affreux de ces infortunées, lorsque les portes de fer se furent fermées sur elles. La duchesse, arrivée dans le sombre cachot qui allait être sa demeure, sentit moins cette douleur que celle d'être trahie par celui à qui elle avait tout sacrifié, et à qui elle espérait, il n'y avait encore que quelques heures, assurer le sort le plus doux. Son premier mouvement, aussitôt que Silvino avait été sorti de son appartement, fut, oubliant les torts de son époux, de s'approcher du duc; et elle lui prodigua pendant plus d'une heure les soins les plus touchans : mais, secours inutiles ! toute étincelle de vie était éteinte. Lorsque Célesta en fut convaincue, elle s'éloigna de ce triste spectacle : et après avoir versé quelques larmes, elle sentit son effroi et sa douleur se dissiper peu à peu. L'amour vint la bercer de ses ailes. Célesta se trouvant libre, laissait revoler son cœur vers son cher Anselme. Elle disait : je ferai l'impossible pour l'engager à venir s'établir près de moi, il sera mon aumônier puisque ses vœux ne lui permettent pas d'être mon époux; mais, sans ce titre, il n'en jouira pas moins de tout ce qui peut rendre la vie délicieuse. Ces douces pensées l'avaient occupée jusqu'à l'instant où elle pouvait faire entrer sans danger pour son ami; alors elle appela comme venant de se réveiller, et étant inquiète de ne pas trouver son époux auprès d'elle. Nous avons déjà vu qu'elle excellait à raconter des histoires : pour son malheur celle-ci ne réussit pas, et elle lui fit perdre la liberté, puis subir une condamnation de mort. Mais que lui importait la vie, lorsqu'elle venait d'apprendre qu'elle avait une rivale charmante, et du plus grand nom? Aussi sa douleur ne peut se concevoir.

Elisa n'avait pas deviné la cause du trouble de la duchesse; mais elle avait compris au signe qu'elle lui avait fait, qu'elle prenait un grand intérêt à un des trois moines, et qu'il y aurait un grand danger à les nommer ou à les désigner : elle prit donc la résolution de ne plus répondre aux questions qui lui seraient faites; et dût-elle porter sa tête sur un échafaud, elle le préférerait au malheur d'être cause de la perte de son amant.

La duchesse, malgré les tourmens

de la jalousie, n'en persiste pas moins dans la même résolution. Ainsi, le trop heureux Anselme, idolâtré par ces charmantes femmes, les conduit toutes deux à la mort par leur opiniâtreté à ne point déclarer Silvino pour l'auteur du crime, dont elles craignent qu'il ne soit le complice. Cependant le juge, d'après la déclaration d'Elisa, sait que la jeune personne est fille du prince del Monte-Tenero. Il avait appris que ce père infortuné avait eu la douleur de se voir enlever sa fille, et qu'il ne cessait de faire des perquisitions, dont aucune n'apportait de consolations à ce malheureux vieillard. Il veut s'assurer si la jeune fille arrêtée dans les souterrains du palais du duc de **, est vraiment la fille du prince : en conséquence, il dépêche un courrier à Bologne pour prier monseigneur del Monte-Tenero de se rendre à Ferrare, pour y constater la vérité de la déclaration de celle qui se dit sa fille, ou, dans le cas contraire, la convaincre de mensonge.

Le prince qui croyait n'avoir plus d'espérance de revoir sa chère Elisa, monte son meilleur cheval, et, malgré son âge, vole à Ferrare. Il y arrive au moment où la duchesse et sa fille étaient traduites devant le tribunal des dix, pour y être condamnées ou absoutes. On présenta à la jeune princesse le mouchoir teint de sang, et elle soutint qu'elle ne savait qui l'avait mis dans les souterrains, et sa fermeté paraissait aux simples témoins de son interrogatoire une preuve de son innocence. Mais au moment où son père entra dans la salle d'audience, elle tomba involontairement sur ses genoux; et tendant des mains suppliantes vers le prince, elle eut l'air si troublé, elle parut si repentante, que tous alors la crurent coupable.

« Seigneur juge, dit le prince sans paraître ému, je me suis rendu ici pour répondre à l'attention que vous avez eue de m'apprendre que vous croyez avoir retrouvé ma fille, ma chère Elisa ; mais je vous déclare, et à qui il appartiendra, que cette fille que vous interrogez n'est point et ne peut être ma fille. » — Ah ! je l'ai bien mérité, s'écria douloureusement Elisa ; et elle tomba sans connaissance dans les bras de la duchesse.

Le juge demanda au prince s'il signerait ce qu'il venait de dire. — « De mon sang, reprit le vieux del Monte-Tenero. Comment avez-vous pu imaginer qu'une malheureuse, trouvée dans les souterrains du duc de **, munie de preuves convaincantes de complicité avec les assassins de ce noble seigneur, fût ma fille ? Non, je démens formellement tout ce qu'elle aura pu dire à cet égard ; et je vous prie, seigneur juge, dela déclarer calomnieuse, n'y ayant et ne pouvant y avoir aucun rapport entre ma fille et cette horde de brigands. » Le prince ayant signé, remonta à cheval et partit.

Cependant on avait reconduit l'infortunée Elisa dans son cachot, où elle ne reprit ses sens que pour se rappeler d'avoir vu son père, et qu'il l'avait reniée ; alors elle s'abandonna à l'affreux désespoir que tant de cruauté lui inspirait : elle arracha ses beaux cheveux, elle meurtrit son sein, qui le disputait à l'albâtre. Elle veut terminer avec ses fers, des jours que la colère de son père et l'abandon de son amant rendent insupportables. Mais le cours de la justice lui en épargnera la peine ; car après trois semaines employées à entendre et à confronter les témoins, elle fut condamnée, ainsi que la duchesse, à perdre la tête.

Le peuple de Ferrare, toujours avide de ces affreux spectacles, se pressait aux portes de la prison pour les en voir sortir. Encore une heure, et deux femmes, belles, riches, d'une grande naissance, vont périr pour avoir toutes deux aimé un moine : et puis dites, après cela, que l'amour n'est pas cause de grands malheurs, et surtout l'amour pour un moine.

Anselme et son compagnon, après avoir quitté la vieille, se hâtèrent de prendre le chemin des Appenins. Il semblait qu'ils n'arriveraient jamais assez promptement. Ils n'entendaient pas galopper derrière eux, qu'ils n'imaginassent que c'étaient des sbires qui les poursuivaient. On ne les regardait pas sur la route, qu'ils ne crussent que c'étaient des espions qui allaient instruire la justice du chemin qu'ils tenaient. Enfin, sans avoir commis de forfait, ils en ressentaient tous les tourmens ; tandis que Silvino, endurci dans son crime, ne pensait pas seulement avoir fait une action blâmable, et n'avait d'autre inquiétude que de ne pas voir arriver ses amis, avec lesquels il comptait se rendre en Turquie pour prendre le turban, et faire un commerce immense avec l'Inde. Il avait fait part de ses projets à Bigaï. Bigaï était un homme de Retegno, qui était venu s'établir dans cette vallée, et dont la maison servait d'entrepôt à la république. Silvino en était connu, et il était sûr de trouver chez cet honnête voleur l'hospitalité pour lui et ses amis tant qu'il lui serait agréable d'y rester.

Voilà le douzième jour, lui disait Silvino, et mes amis ne viennent point. Ah Bigaï! à quoi me servent de grandes richesses, si je dois vivre sans eux? Et tous les soirs le moine allait à l'entrée de la vallée pour voir s'il n'apercevait pas ses compagnons sur le revers de la montagne que le chemin traversait. Enfin, le treizième jour, il crut bien distinguer Anselme et Dominico ; mais ce qui le surprenait, c'est qu'ils n'étaient pas seuls, et qu'il y avait deux femmes avec eux. Est-ce, se disait Silvino, que malgré mes représentations ils ont emmené la petite Elisa? Mais quelle est l'autre? serait-ce Rosa, qui aurait été touchée de repentir, et serait venue les rejoindre? Je le voudrais, car c'est de toutes les femmes celle qui me convient le mieux.

Mais plus la caravane s'approchait, plus il voyait distinctement que ce n'était ni Elisa, ni Rosa. Une des femmes, il est vrai, ne lui semblait pas inconnue; quant à l'autre il était certain qu'il ne l'avait jamais vue: enfin, lorsqu'on fut à portée de se distinguer et de s'entendre, celle des femmes qu'il avait cru reconnaître le fixa comme pour se rappeler ses traits, sans paraître y parvenir. Pour lui il fut très-certain qui elle était, mais il crut devoir dissimuler; cela lui fut d'autant plus facile, qu'il se jeta dans les bras de ses amis, et leur témoigna toute la joie qu'il avait de les revoir, et qu'ils partageaient sincèrement.

Quand les premiers transports furent calmés, Silvino s'informa de la raison qui les avait retenus si long-temps en route, et quelles étaient les femmes qui les accompagnaient. — Nous ignorons, dit Anselme, leurs noms et leur état ; mais leurs manières sont si polies, leur langage si pur, qu'il n'est pas douteux que ce ne soient d'illustres aventurières, que des raisons importantes forcent à se cacher. Nous les avons rencontrées à l'instant où nous allions entrer dans les Appenins : nous leur avons fait observer qu'il n'y avait pas de prudence à des personnes de leur sexe, de s'engager seules dans ces montagnes, et leur avons proposé de les accompagner ; comme elles nous ont dit qu'elles cherchaient un hermite, à qui elles avaient des choses du plus grand intérêt à révéler, nous l'avons, avec elles, demandé dans tous ces environs, inutilement, depuis quatre jours, sans pouvoir le rencontrer. Enfin, craignant que tu ne t'impatientasses, nous avons engagé ces dames à venir se reposer ici, en leur promettant qu'ensuite nous nous remettrions en quête de leur hermite.

— Ne serait-ce pas le frère Nicolas, dit Bigaï? — Justement, reprit avec vivacité celle que Silvino ne connaissait pas : et sauriez-vous, Seigneur, où il demeure? — A sept milles d'ici : l'odeur de ses vertus et de sa piété est répandue dans tout le pays. Je suis étonné qu'on ne vous l'ait pas indiqué. — Nous le croyions dans un canton fort opposé à celui-ci. — Il est certain, interrompit Bigaï, qu'il avait une habitation dans une autre partie des montagnes ; mais le séjour trop fréquent des brigands qui s'y retiraient, lui a fait choisir ce côté-ci, où il n'est entouré que d'honnêtes gens. — Qui vous ressemblent, mon ami Bigaï, dit Silvino en lui frappant rudement sur l'épaule. —

Nous nous en vantons, seigneur, et nous ne vous cédons en rien.

Tandis que Silvino et Bigaï se faisaient ces complimens réciproques, Anselme était occupé à procurer aux dames inconnues tout ce qui pouvait leur être agréable ; car on ne manquait de rien dans la cabane de Bigaï. Ses attentions ne doivent point faire sourire le lecteur malin qui voit déjà Elisa oubliée. Non, ce n'était que du respect qu'inspiraient nos aventurières ; la plus jeune avait au moins quarante ans, et l'on ne pouvait plus que dire qu'elles avaient été belles : mais tout montrait que la moins âgée était une dame d'un haut parage, et l'on s'étonnait de son impatience de se réunir à ce frère Nicolas ; car si on l'avait crue, elle serait partie dès le soir même : mais ses compagnons ne partageant pas sa vive tendresse pour le frère, lui observèrent que le jour viendrait le lendemain, et qu'il fallait profiter de la nuit pour se reposer. Elle fut forcée d'y consentir ; mais on l'entendait dire à l'autre en français, qu'Anselme possédait parfaitement : qu'un jour de plus est long, quand il y en a tant qu'on espère le bonheur. O âme de mon cœur ! encore quelques heures, et nous ne serons plus séparés.

Nos trois moines étaient assez curieux de savoir quel intérêt si tendre cette dame prenait au père Nicolas. Ils se permirent donc quelques questions pendant qu'on était à table.— Je puis vous satisfaire, dit celle qui aimait tant l'hermite ; et à l'exception du véritable nom de mon ami, je vais vous raconter les événemens de ma vie, qui, ainsi que celle de presque toutes les femmes, a été le jouet d'une passion que mes parens ont combattue de tout leur pouvoir sans cependant la détruire.

Je suis Française, et me nomme Eléonore de Mercœur. Mon grand-père s'était illustré dans les guerres saintes, et mon père fut nommé par Charles V, ambassadeur à Venise, où il m'amena avec ma mère. Je pouvais avoir alors douze ans (1), et cependant j'étais grande et très-formée pour mon âge. Monseigneur de Mercœur m'aimait à l'idolâtrie, et, comme fille unique, me destinait le plus riche parti de la duchée ; mais l'amour en décida autrement. Je vis mon cher hermite, qui alors ne l'était pas ; c'était un des chevaliers les plus aimables de l'Italie : malheureusement il n'était que le cadet d'une illustre maison ; et lorsqu'il fit sonder les dispositions de mon père, il répondit que mademoiselle de Mercœur n'était pas faite pour épouser un cadet, et jura qu'il ne consentirait jamais à ce mariage. L'a-

---

(1) L'auteur prétend qu'Eléonore en avait au moins quinze ; mais il est bien difficile à une femme qui a passé quarante ans de ne pas s'en ôter deux ou trois, si elle le peut.

mour s'en rit, et il en fut autrement : que vous dirai-je ? j'étais si jeune, si simple, mon hermite si beau, si passionné, qu'il m'entraîna malgré moi au-delà des bornes que les lois ont posées pour affliger la nature. Celle-ci ne trahit point les vœux que je faisais pour que mon père ne pût me refuser à mon ami.

Mais, vaine illusion, il ne me fut que trop prouvé par les différentes questions que je hasardai, que je ne gagnerais à instruire mon père de mon état, que de voir terminer d'un même coup ma vie et celle de mon enfant. Ayant donc reçu les sermens de mon, ami de m'épouser quand je serais maîtresse de mes actions, ce qui ne pouvait être qu'à la mort de mon père, et de reconnaître l'enfant dont j'accoucherais, et qu'il se chargerait de faire élever dans sa famille sous un nom supposé ; assurée d'ailleurs de sa loyauté, je repassai en France avec mon père. Je mis ma nourrice dans ma confidence, et elle eut l'art de cacher à tous les yeux la naissance de mon fils, qu'elle remit aussitôt à un écuyer de mon amant, qui était à attendre depuis plusieurs semaines le moment où je serais mère. Je ne vous dirai point ce que j'ai souffert en me séparant de cet objet de mes plus chères espérances ; mais l'honneur et son propre intérêt l'exigeaient, n'y ayant plus que ce moyen de lui conserver la fortune de mon père, qui, bien certainement, m'en aurait privée s'il avait su que j'eusse un enfant de celui qu'il n'avait pas voulu me donner pour époux.

Je recevais par ma nourrice des lettres de mon ami. Quelque temps avant mes couches, il m'avait mandé qu'il partait pour obtenir du service dans les troupes du roi de Naples ; ce qui me causa les plus vives alarmes sur son sort et sur celui de mon enfant. Cependant il m'avait assuré qu'il serait élevé dans sa famille, et parfaitement heureux. Je m'efforçai de le croire pour calmer mes inquiétudes, et, comme je vous l'ai dit, je me séparai de mon fils en versant bien des larmes. Enfin la nouvelle de la paix vint porter quelque repos à mon âme déchirée par les plus cruels tourmens : mais lorsque je me flattais que mon ami allait revenir dans son pays, qu'il y verrait élever son fils sous ses yeux, et que j'en aurais par lui des nouvelles fréquentes, quelle fut ma surprise en recevant de cet amant, si tendrement chéri, quatre lignes dans lesquelles il m'apprenait la résolution où il était de se retirer du monde pour se faire hermite, bien décidé à quitter cet habit dès qu'il pourrait m'épouser.

Il ajoutait que je devais être tranquille pour mon fils, qu'il recevait une éducation distinguée, en profiterait, et qu'il avait la certitude qu'il serait un des plus riches seigneurs d'Italie.

Cette lettre m'affligea d'autant plus que je ne savais pas quel motif l'avait déterminé à un parti si singulier, et je l'ignore encore; mais j'espère en être bientôt instruite, et le faire renoncer, comme il me l'a promis, à cet hermitage, pour venir partager la fortune dont je ne suis en possession que depuis deux mois par la mort de mon père. Voilà, *signor cavalière*, le sujet de mon voyage, et l'intérêt que j'ai à retrouver cet hermite, pour lequel je conserve, malgré les années, un si tendre attachement. Je veux le revoir, qu'il me rende mon fils, et lui assure un état en m'épousant suivant sa promesse. Quand même il ne m'aimerait plus, je crois qu'il ne balancera pas; cent mille livres de rente et les plus belles terres de Bourgogne ne sont pas à dédaigner.

Anselme n'avait pas perdu un mot de ce récit. Quelques circonstances lui avaient paru avoir un extrême rapport avec ses propres aventures. Il n'osait interroger Eléonore, il craignait de voir détruire ses illusions; il voulait attendre que les circonstances développassent ce mystère. Il fut donc le premier à presser Eléonore et son amie à prendre dès le lendemain la route de l'hermitage.

Bigaï devait leur servir de guide. Ils demandèrent à Silvino s'il serait du voyage. — O mon dieu non ! dit-il, je vous attendrai ici pour célébrer le retour de l'hermite, et je tâcherai qu'il ne regrette pas la vie acétique. — Alors, dirent ses amis, l'un de nous restera pour te tenir compagnie. — Je n'ai besoin de personne ; vous ne serez pas plus de trois à quatre heures. — Ne nous diras-tu pas, avant que nous partions, ce qui t'a forcé de quitter si promptement les souterrains ? — Vous ne devez pas douter que cela n'ait tenu à une raison importante ; mais comme il n'y a rien de pressé pour vous de l'apprendre, allez dormir. Menez demain vos belles tant soit peu surannées, à leur hermitage ; et quand vous reviendrez ici, et qu'Eléonore en sera repartie avec son ami, nous nous occuperons de ce que nous avons à faire. — Et quand rejoindrai-je Elisa ? — A propos, reprit Silvino, où l'avez-vous laissée ? — Chez la duchesse. — Chez la duchesse ?..... — Oui, qu'y a-t-il d'étonnant à cela ? pouvais-je la confier à personne plus capable de la défendre et de la protéger ?.... — Peut-être. — Que veux-tu dire ? — J'aurais dû te prévenir. — Qu'est-ce qui te donne ces idées ? — Rien, nous causerons de tout cela à votre retour ; et Silvino les força d'aller se reposer.

Dès l'aurore, Bigaï sella les chevaux ; on prit le chemin de l'hermitage. Silvino leur fit promettre de ne pas perdre de temps pour revenir. On approchait, et Eléonore disait :

Quoi ! je vais te revoir après une si longue absence ! Je vais retrouver l'ami de mon cœur, le père de mon fils ! Et toute occupée de ces douces pensées, son imagination se représentait son ancien amant, brillant d'amour, de jeunesse et de santé, lorsqu'elle aperçut un homme de cinquante ans, se soutenant sur un bâton noueux : un capuche pointu cachait presque entièrement sa figure jaune et hâve.

Bon jour, frère Nicolas, dit Bigaï : voilà de belles dames qui viennent de France, pour vous voir. Au nom de France l'hermite se releva avec vivacité. — Ciel ! dit-il, est-ce un songe ? une illusion ? Vous, Eléonore ! — Moi-même, reprit assez froidement mademoiselle de Mercœur, qu'un seul regard jeté sur celui qu'elle avait idolâtré, avait guérie pour jamais d'une passion que l'absence, le temps, les chagrins n'avaient pu détruire. Oh que les femmes sont raisonnables !.... — Qui peut vous conduire dans ces déserts, reprit l'hermite ? — Mon ancien attachement pour vous, et le désir de savoir ce qu'est devenu mon fils, celui de lui assurer un état en vous épousant, comme vous me l'avez promis. — Quant à votre fils, ma chère Eléonore, une femme de mes amies, qui habite Ferrare, m'en donne de bien mauvaises nouvelles. — Oserais-je vous demander, Monsieur, dit Anselme, comment vous la nommez ? — Fansonetta, dont la maison est près du palais du duc de **. — Je la connais aussi beaucoup. — Et moi encore plus, reprit Dominico, car elle est ma tante. — Et vous vous nommez ? — Dominico. — Et vous ? — Anselme. — Ciel ! quel prodige nous rassemble. Vous êtes tous deux mes fils.

Au nom d'Anselme, Eléonore avait perdu l'usage de ses sens ; et si l'amour s'était envolé de son cœur à l'aspect des rides de celui qui fut son amant, la nature n'avait rien perdu de ses droits ; et l'instant où elle entendit nommer son fils, lui causa une telle révolution qu'elle s'évanouit. On la transporta dans l'hermitage, qui n'était qu'à quelques pas. On eut toutes les peines du monde à la rappeler à la vie.

En ouvrant les yeux, elle se trouva dans les bras d'Anselme à qui son père avait appris le secret de sa naissance, et que Dominico était son frère, et fils de Fansonetta. Il ne manquerait à notre bonheur, dirent-ils, que Silvino vous dût le jour. — Cela n'est que trop vrai, dit la compagne d'Éléonore en levant un voile dont elle était restée enveloppée jusqu'à ce moment ; et si Clémentina s'est effacée du souvenir d'Alonzo, elle se souvient bien que Silvino sans lui n'eût pas vu la lumière, puisque feu son époux n'eût pu la rendre mère.

Anselme passait de surprise en surprise. Retrouver deux frères dans ses deux camarades, lui faisait un sensible plaisir. Etre fils d'Eléonore de Mercœur, la plus riche héritière du duché de Bourgogne, le rendait très-heureux : mais savoir que son père était ce même Alonzo dont il avait entendu raconter des actions si extraordinaires, et qu'on lui avait peint comme un homme charmant, paraissait mettre le comble à sa félicité ; cependant la fortune lui ménageait encore de nouvelles faveurs.

Voilà, je l'avoue, dit mademoiselle de Mercœur, une preuve bien complète de la trahison de votre sexe. Quoi ! lorsque vous me juriez de ne vivre que pour moi, vous donniez l'existence à deux autres enfans ! — Pas en même temps, reprit en souriant Alonzo ; mais, j'en conviens, le même jour. J'étais jeune alors, à présent je suis vieux et hermite ; je sens cependant que mon cœur est toujours le même, et que toutes celles qui ont bien voulu m'honorer de quelques bontés, ne peuvent m'être indifférentes : que dis-je ? elles me sont chères. Et mes enfans, que j'ai de joie à les revoir ! Et il serrait ses fils contre sa poitrine. Eléonore qui reprenait ses forces, et avec elles la dignité de son être, lui parla en ces termes :

Je suis loin, Alonzo, de vous faire des reproches d'actions passées depuis si long-temps; je vous dirai seulement et à vos belles, que vous êtes heureux, que je n'ai plus d'amour pour vous : car je ne supporterais pas l'idée d'avoir une rivale, encore moins deux, peut-être trois : que sais-je ? mais à nos âges on doit renoncer à toutes ces folies. Aimez ces dames, leurs enfans, tant qu'il vous plaira; mais épousez-moi, parce que vous me l'avez promis, et qu'aucune d'elles ne peut vous donner une aussi belle fortune que celle dont je dispose.

Alonzo voulut jouer le sentiment. Eléonore sourit, et lui prouva que le temps détruit peut-être plus lentement, mais de même sans retour, les agrémens de notre sexe, et qu'il retranche de la liste des favoris des amours, les amans surannés ; qu'ainsi le père de trois moines ne pouvait plus se flatter d'inspirer les sentimens qui avaient attaché tant de belles à son char. Il le vit, et n'en consentit qu'avec plus de reconnaissance à l'honneur que lui faisait mademoiselle de Mercœur ; car ignorant encore la mort du duc de**, il se croyait toujours un pauvre cadet. Quittant le ton de la galanterie, il parla avec la plus grande confiance à celle qui voulait bien associer son sort au sien.

Il ne lui laissa pas ignorer ce qui s'était passé aux noces de la duchesse, et que c'était la raison qui l'avait forcé de se retirer dans cet hermitage, Fansonetta lui ayant écrit que rien ne calmait la colère du duc, et qu'il avait juré, s'il mettait le pied dans le Bolonais, de le faire enfermer dans les souterrains du vieux palais, dont il ne sortirait pas.

Eh bien, dit Eléonore, nous passerons en France avec vos fils ; mais cependant il serait bien fait d'écrire encore à Fansonetta, afin de savoir s'il n'y aurait aucun moyen de réconciliation avec le duc, pour qu'il ne privât pas votre fils de sa succession, qui doit être très-considérable.

Alonzo fut de son avis. On écrivit à Fansonetta : un berger de la montagne se chargea de la lettre, et Alonzo en demanda la réponse chez Petro Bigaï, dans la vallée de **, où il resterait jusqu'à ce qu'il l'eût reçue. Dès que ce courrier fut expédié, Anselme et Dominico pressèrent leur père de partir pour la vallée de ** ; ils brûlaient d'être réunis à leur cher Silvino. Il leur semblait qu'ils ne lui donneraient jamais assez tôt le doux nom de frère. — Il sera riche, disait

Anselme à son frère del Frazo ; il deviendra honnête homme. Il n'aimait le brigandage que comme un moyen de se procurer des jouissances dont il ne manquera pas. — Mais, dit Dominico, si l'affaire de Retegno était de nature à ne pas s'arranger. — Le crédit de la duchesse suffira pour la terminer ; et, au surplus, si on ne pouvait y parvenir, nous l'emmènerions en France, où il n'aurait rien à craindre.

Mais parlons de ma chère Elisa : quelle joie elle aura quand elle apprendra ma naissance ? — Elle n'empêchera pas l'effet de la promesse de son père. — Ah ! tu es toujours le même, mon cher Dominico, tu ne prévois que le mal, et ne jouis jamais du bien ; aussi tu n'as pas l'air plus réjoui que de coutume. — Et de quoi veux-tu que je me réjouisse ? de ce que ma mère a été trompée, séduite par mon père, qu'elle n'en aura aucun dédommagement : car peut-on mettre l'or en parallèle avec l'honneur ! Si Alonzo n'était pas mon père, je me battrais avec lui pour le forcer à épouser Fansonetta ; mais non, je ne le ferais pas, parce qu'il ne le pourrait qu'en ne remplissant pas sa promesse avec ta mère ; et j'aime encore mieux souffrir de l'opinion ridicule du peuple, que de t'y voir en butte ; mais je suis affligé que nous n'ayions pas la même mère.

Ils abrégeaient ainsi par leurs discours la longueur du chemin. Alonzo et Eléonore en faisaient autant, et Bigaï entretenait Clémentina qu'il trouvait encore très-bien. Enfin on arriva. Silvino qui les attendait d'instant en instant, se doute au bruit des chevaux que ce sont eux, et leur ouvre la porte.

Anselme ne lui donne pas le temps de la fermer ; il saute de son cheval et tombe dans ses bras en lui disant : ô mon Silvino ! tu es mon frère ; tu es riche, tu n'exposeras plus ta vie, tu jouiras de tout ; tu es mon frère ; celui de Dominico, et voilà ton père, celui de del Frazo. — Le mien ! moi le fils d'un hermite ! Un hermite père de trois moines, cela n'est pas mal. C'est donc vous, frère Nicolas, qui vous êtes amusé à vos heures perdues à nous donner la vie ? — Oui, mon fils, reprit tristement Alonzo ; mais je crains bien de vous avoir fait un présent funeste. — Je vous jure, mon cher petit papa, que vous avez tort de le penser ; car j'en ai joui jusqu'à présent plus que personne, et dès qu'elle me sera à charge, je m'en débarrasserai.

Mais, dites-moi, je n'étais donc pas le fils de ce grognon de Pezzali. — Non, interrompit Clémentina, vous fûtes le fruit d'une faiblesse, et je dois me reprocher votre naissance comme un crime. — Ah ! voilà de vos jérémiades. C'était pour me les épargner, ma très-honorée mère, que je n'ai pas voulu faire mine de vous reconnaître quand vous êtes arrivée ici. — Comment ? malheureux, tu as su qui j'étais, et tu ne m'as pas donné une seule marque de tendresse! — J'ai tort, j'en conviens ; mais je craignais les reproches : je suis très-sensible, tel que vous me voyez. — Il n'y a rien qui n'y paraisse, dit Alonzo. — Plus que l'on ne pense, mon très-cher père ; mais dites-moi donc quel est votre nom, afin que je quitte celui de Pezzali ? — Je me nomme Alonzo de **, frère du duc de ce nom. — Ah ! ah ! la rencontre est singulière. Savez-vous qu'il est mort, ce duc ? — Mon frère est mort ? Qui vous l'a dit, Silvino ? — Des témoins irrécusables ; il vous laisse une fortune immense ? — Et la duchesse, toujours belle, intéressante, mais ayant oublié Alonzo. — En êtes-vous certain ? — Très-certain. — Mais qui vous a donc instruit de ces détails ? — Personne ne pouvait l'être autant que moi ; vous en aurez la confirmation en allant à Ferrare.

— Ah Eléonore ! malgré les regrets que me cause la mort d'un frère, il m'est doux de pouvoir vous offrir une fortune égale à la vôtre. — D'autant plus, reprit la maligne Mercœur, que la duchesse vous a oublié. — Madame, dit Silvino, est donc de part dans les aventures de nos naissances ? — Elle est ma mère, dit Anselme. — A ce titre, permettez, Madame, que je vous embrasse ; car vous m'avez fait le plus rare présent en me donnant un ami pour lequel j'exposerais mille fois ma vie, si elle n'était pas nécessaire à celle de Dominico. Et toi, mon soucieux ami, qui t'a créé et mis au monde ? — L'aimable Fansonetta. — Ah ! la chère tante, je l'avais bien pensé. Ces vieilles filles prudes ont toujours eu quelques affaires de cœur dans leur jeunesse. Papa, vous ne choisissiez pas mal, et vous aviez en même temps trois charmantes maîtresses. — Ah! toutes trois méritaient un amant plus fidèle. — Quel conte! les femmes n'aiment pas plus la fidélité dans notre sexe, qu'elles n'en ont elles-mêmes. — Ah mon fils! pouvez-vous dire cela, reprit Clémentina? — Quoi! ma mère, vous voudriez me faire croire que je fus votre seule erreur; et Henri del Plazza? — Mon fils! — Et Geronimo Manconni? — Mon fils! — Et tant d'autres qui vous rendaient des hommages; car vous étiez la plus belle femme de Ferrare : aucun n'avait-il obtenu un coup d'œil? — Mais ce ne serait pas une infidélité. — Toute femme qui regarde favorablement un homme, n'attend que l'instant de se rendre. Mais peut-être, ma mère, cet instant n'arriva-t-il jamais. — Ah! il est toujours le même ; convenez, Monseigneur, qu'il est charmant, il vous ressemble. — Oui, quand j'étais jeune.

Silvino n'avait pas été si troublé

par les reconnaissances pour avoir perdu de vue le moment du dîner. La table fut servie d'une manière splendide, et ce festin pouvait passer pour un repas de noces : les vins les plus exquis, les mets les plus recherchés, il avait trouvé le moyen de se les procurer. Alonzo était enchanté du repas, et de la manière dont Silvino en faisait les honneurs. On s'égaya au dessert : Eléonore exigea qu'Alonzo lui racontât de quelle manière il avait rendu mères ses trois maîtresses le même jour.

— C'était, il m'en souvient, la nuit de Noël.—Oh oui, dit Clémentina, il neigeait et faisait un froid excessif. — J'allai avec ma mère à la messe de minuit, reprit Alonzo ; près de son banc était celui de la belle Clémentina dont j'avais mille fois dévoré les charmes. Cette nuit là, elle me parut plus charmante encore : et tandis que ma mère était occupée à repasser dans sa mémoire les fautes qu'elle avait commises, et dont elle devait s'accuser avant la messe, je dis quelques mots à ma belle voisine. Elle me montra son mari figurant dans l'œuvre comme marguillier. L'occasion, lui-dis-je, est excellente, il ne quittera pas son manteau pour venir voir ce qui se passera chez lui. Je vais vous y aller attendre.

Saisissant l'instant où ma mère avait quitté sa place pour aller se jeter aux pieds de son confesseur, j'allai chez Clémentina. Elle avait oublié de fermer sa porte : nous étions pressés, le mari pouvait revenir : nous retranchâmes les préliminaires, et vous reçûtes l'existence, mon cher Silvino, en aussi peu de temps que je mets à vous le raconter. — Cela ne m'étonne pas, reprit gravement Dominico, les productions du génie sont rapides comme l'éclair, et on n'y retouche pas. Vous eussiez fait Silvino moins parfait si vous eussiez mis plus de temps. — Cela peut être.

— Bref, sa mère et moi nous étions à nos places avant que la mienne fût de retour dans son banc, avant que Petro Pezzali se fût levé du sien pour aller à l'offrande ; et j'eus la satisfaction, en passant, de lui faire le plus gracieux salut. — Et moi, dit Clémentina, vous rappellez-vous comme je souris amoureusement au baiser qu'il m'envoya en présent ? — Très-bien, chers auteurs de mes jours, je vois que vous ne valez pas mieux que votre fils, et que j'ai de qui tenir. En voilà un ; et les deux autres ?

Après avoir entendu la messe de minuit très-dévotement avec ma mère, je la reconduisis au palais. Comme nous passions devant la maison de Fansonetta à qui j'avais déjà offert quelques hommages, que l'on n'avait pas absolument rejetés, je la vis très-occupée à chercher la clef de sa porte, qu'elle avait laissé tomber. Je voulus qu'un estafier de ma mère qui portait une torche, l'éclairât ; on ne la trouvait pas, cette maudite clef : ma mère eut la bonté de s'arrêter. Fansonetta rougit des choses polies et affectueuses que ma mère lui adressait, et elle me parut encore plus jolie. Enfin feu la duchesse lui dit: Ma petite, si votre clef ne se trouve pas, venez passer la nuit au palais. — Vous êtes bien bonne, dit en rougissant encore plus Fansonetta. J'insistai pour qu'elle acceptât, et Fansonetta avait peu d'envie de me refuser. Enfin, elle entra dans le palais, suivie de sa duègne; elle y avait apporté un rare trésor qu'il était décidé qu'elle ne remporterait pas.

Je sus la chambre qu'elle habitait. Elle rendait dans celle d'une femme de ma mère, qui se serait promenée en chemise sur la place de Ferrare pour quelques écus. Je lui en donnai cent pour me laisser traverser sa chambre afin de me rendre près de Fansonetta. L'embarras, c'est que sa duègne était couchée près de son lit; heureusement elle était vieille et dormait: ainsi je n'eus rien à faire pour la mettre dans mes intérêts.

Fansonetta fut très-effrayée en me voyant entrer, bien plus quand, malgré tout ce qu'elle put me dire, je me mis près d'elle dans son lit. Elle voulut crier: je lui dis qu'elle se perdait, et bientôt je l'en empêchai par mes caresses. Je préludai un peu plus que je n'avais fait avec Clémentina. C'était une initiation, cela demande plus de préparatifs; mais j'eus beau y mettre tous les soins imaginables, elle ne put retenir un cri qui faillit nous perdre. Sa vieille duègne se réveilla. — Qu'est-ce que vous avez? — Rien; je rêvais que j'avais une rose, qu'un enfant, en me l'arrachant, m'avait piquée; et voilà ce qui m'a fait crier. — Ce songe vaut un apologue, dit la vieille, point de rose en amour sans épine ; mais le plus douloureux, c'est que les roses ne durent que quelques jours et que l'épine reste long-temps, bien long-temps ; et la vieille se reprit à ronfler.

Fansonetta, malgré sa présence d'esprit, avait été fort effrayée d'entendre sa duègne se réveiller, et elle me supplia de la quitter, dans la crainte que les autres femmes ne se réveillassent aussi. J'y consentis avec d'autant plus de plaisir, qu'il était trois heures du matin, heure fortunée, où ma charmante Eléonore me promettait de lui témoigner mon amour. Je quittai donc Fansonetta en lui faisant promettre que dorénavant elle me recevrait chez elle, ce qu'elle ne pouvait décemment me refuser ; je sortis sans que personne m'aperçût. Je passai un instant dans mon appartement d'où je sortis pour me rendre au palais de M. de Mercœur.

Je vous dispense, dit sa fille, des détails de cette troisième aventure. Mais ce que je puis dire, c'est que si j'avais su que vous eussiez si bien occupé le commencement de la nuit, je vous eusse prié de ne pas vous fatiguer davantage, et je me serais épargné tous les chagrins que cette fatale nuit m'a causés. — Mais, dit Anselme, je n'existerais pas. — Eh! ma foi ce serait dommage, interrompit Silvino, car c'est réellement un bien bon enfant. — Et qui fera la gloire et le bonheur de votre vieillesse, ajouta Dominico. — Vous m'êtes tous chers, dit Alonzo, et je me flatte que je vous rendrai tous heureux.

On ne pouvait espérer le retour du courrier que l'on avait dépêché à Ferrare que dans plusieurs jours. Ainsi il fallait tromper l'ennui par des récits qui remplissaient l'intervalle des repas. Lorsqu'Alonzo voulait faire sentir à Silvino les torts dont lui-même s'accusait avec tant de légèreté, que l'on voyait bien qu'il était loin de s'en repentir, son fils déconcertait la gravité paternelle par la gaîté de ses saillies.

Silvino parla de Rosa, même de Retegno, sans cependant se vanter ouvertement d'avoir volé et assassiné sur le grand chemin, ce qui n'eût pas infiniment convenu au seigneur Alonzo. Anselme, qui craignait que son frère ne fût trop indiscret, prenait part à la conversation et parlait de lui, ou plutôt du seul objet qui l'intéressait, la charmante Elisa.

Son père l'écoutait avec intérêt. Mais quand il vint à dire que l'obstacle qui paraissait insurmontable était la promesse du prince de marier sa fille au fils de son ami à qui il avait dû la vie dans les guerres de Naples : — Serait-ce lui ! s'écria-t-il, et la fortune se plairait-elle à multiplier pour moi ses faveurs ? Quel nom portait le prince à la guerre ?

— Celui d'Algarotti, gentilhomme du duché de Milan. — Ah! c'est lui, lui-même. O mon bon Anselme, tu posséderas celle que tu aimes, puisque heureusement, d'après ce que tu m'as dit, tes vœux sont nuls. Mais où est-elle ? — Avec la duchesse ; et il leur raconta ce qui s'était passé dans le souterrain. — Quelle diable de folie, dit-il à Silvino, de les faire partir si promptement : il me semble que, d'après la manière dont tu m'as conté l'affaire de Retegno, elle n'était pas impossible à arranger. — Oh! plus que vous ne pensez. — Il est vrai, continua le père des trois moines, que souvent les affaires les plus simples s'enveniment ; telle avait été la mienne avec la duchesse : cela dépend d'un ennemi plus ou moins puissant. Si mon frère n'eût été qu'un simple particulier, j'en aurais été quitte pour quelques mois d'éloignement, au lieu qu'il m'a fallu languir depuis ce temps loin de ma patrie.

— Où l'on vous croyait mort, dit Anselme. Le vieux Antonio nous l'avait assuré. — Je fis semer ce bruit pour calmer la colère de mon frère, et je cherchai réellement la mort dans les guerres contre le roi de Naples, mais inutilement.

Au moment où la paix fut signée, j'écrivis à Fansonetta pour lui demander si je pouvais revenir. Elle m'assura que je serais privé de ma liberté pour toujours ; que le duc s'en était expliqué lorsqu'elle avait fait circuler le bruit que j'existais encore. Alors, las d'une vie qui ne m'offrait que des douleurs, et que cependant je n'avais pas réussi à voir finir au champ de la gloire, je me retirai dans les Appenins, où j'ai vécu jusqu'à ce jour du travail de mes mains, ne voulant pas recevoir, comme mes confrères hermites, les aumônes des fidèles.

Cette longue retraite n'avait point éteint la faculté sensitive de mon âme. Je pensais souvent aux êtres qui me devaient la vie, plus encore à celles qui m'avaient rendu père. Je voyais avec une sorte d'effroi les jours de la vieillesse s'approcher. Je m'ennuyais d'être seul, et j'étais décidé, quel que dût être le sort que mon barbare frère me destinait, de retourner à Ferrare ; et j'aurais effectué cette résolution d'ici à peu de mois.

Il m'est bien plus doux d'avoir vu avancer cet instant en me réunissant à tout ce que j'aime. Alonzo fit encore répéter à Anselme tout ce qui avait rapport à Elisa. Son père lui demanda par quelle raison il s'était fait moine, en protestant aussitôt contre ses vœux, qu'il semblait avoir été forcé de prononcer. — Voilà, lui dit Anselme, ce qui est difficile à vous dire, et si difficile, que je n'en aurais pas le courage. — Je l'aurai, dit Silvino; et emmenant Alonzo dans le jardin, il lui conta très-en détail tout ce qu'il savait des amours de la duchesse pour Anselme.

L'orgueil d'Alonzo en fut un peu blessé ; car il n'avait jamais aimé aucune femme autant que Célesta ; et il se serait trouvé très-heureux de l'épouser, si Eléonore n'eût pas réclamé sa promesse ; mais en apprenant que la duchesse avait été surprise avec Anselme, il perdit tout espoir de voir serrer des liens que l'inceste rendrait criminels. Il pria toutefois Silvino de ne point raconter cette aventure devant mademoiselle de Mercœur ; il le lui promit ; et l'on pouvait se fier à sa discrétion et à son exactitude pour remplir ses promesses. Après cette conversation, ils rejoignirent les dames, qui paraissaient assez curieuses de savoir ce qui s'était dit ; mais ce furent pour elles lettres closes, et elles furent réduites, pour s'amuser, à écouter les burlesques tendresses de Bigaï pour Clémentina.

Signora, lui disait-il, il faut que vous ayiez été bien belle ; car vous l'êtes encore, malgré les années et la vie tant soit peu gaillarde que vous avez menée ; mais, n'importe, un honnête homme comme moi se trouverait heureux d'épouser une femme vertueuse comme vous. J'ai une fortune honnête : cette maison, cet enclos, m'appartiennent ; j'ai des troupeaux qui seront plus que suffisans pour le soutien d'une famille considérable ; mais, de plus, j'ai de l'or, beaucoup d'or, et je vous le donnerai si vous voulez prendre mon nom. — J'ai été si malheureuse avec mon premier mari, il était brutal, avare. — Je suis poli, très-généreux. — Il se souvenait qu'il était mon mari tant que le jour durait, et il l'oubliait complétement quand nous étions couchés. — Ah ! si cela est vrai, il a bien fait de mourir et de laisser sa place à un fort bon diable qui, tout au contraire de Pezzali, ne se souviendra des droits que l'hymen lui donnera sur la belle Clémentina, que dans l'ombre de la nuit, si favorable à l'amour. N'est-ce pas, ma belle, que vous écouterez ma prière?

Ce n'est pas l'instant, seigneur Bigaï, de nous occuper de semblables projets : je ne sais encore quels seront ceux de mon fils ; et, quoiqu'il ne me témoigne pas une bien vive tendresse, la mienne cependant ne me permettrait pas de me fixer dans cette vallée, s'il habitait ou Ferrare ou Bologne. — Oh! ne vous gênez pas, ma mère, et épousez ce galant homme, si le cœur vous en dit encore ; car, enfin, vous êtes la seule femme à qui je ne puisse offrir de dédommagement, si vous renonciez pour moi aux douceurs de l'hyménée. Ainsi, il ne serait pas juste que vous me fissiez un aussi grand sacrifice.—N'importe, dit Clémentina, je ne me déciderai que lorsque tu auras fixé irrévocablement ton sort. — Eh bien! d'ici là, ma chère Clémentina, permettez au pauvre Bigaï d'espérer : cela fait toujours plaisir.

On s'étonnait que le courrier dépêché à Fansonetta ne fût pas encore de retour, quand on entendit un soir frapper à la porte ; Bigaï alla ouvrir, et il vit entrer avec le berger une grande femme, belle, mais aussi sur le retour, et qui paraissait profondément triste. Il lui demanda son nom. — Je le dirai à Dominico Georgani. — C'est cette dame, reprit le berger, à qui était adressée la lettre du frère Nicolas, et qui vient elle-même en apporter la réponse. — C'est la signora Fansonetta ? — Oui, moi-même : Alonzo est-il ici ? — Il est au fond du jardin avec des dames et trois jeunes gens qu'il dit être ses fils. — Conduisez-moi vers eux : et en traversant un verger délicieux, Fansonetta soupirait, et ses paupières étaient humides de larmes. Du plus loin que l'on put distinguer,

Dominico courut au-devant d'elle, et la tint serrée contre son cœur, sans qu'ils pussent l'un et l'autre proférer un seul mot. Clémentina apercevant ce touchant tableau, vint suspendre leurs transports, et dit à Fansonetta d'une manière fort leste : — Eh ! bon jour, ma chère amie, vous venez donc voir le cher neveu ? Tenez, je vous dirai que je n'en ai pas été la dupe, et que j'ai toujours bien pensé que le bon Dominico était votre enfant ; mais j'avoue que je ne savais pas qu'il était le frère du mien et d'Anselme. Au surplus, ils ne pouvaient avoir un plus aimable père, et notre réunion.... Mais vous avez l'air d'une tristesse qui m'ôte toute envie de rire. — Nous n'en avons pas sujet, reprit douloureusement Fansonetta. — Et qu'est-il donc arrivé ? — Ce qu'il y a de plus terrible. Le duc assassiné, la duchesse et Elisa périssent peut-être, au moment où je vous parle, sur l'échafaud. — La duchesse, dit Alonzo! — Elisa, s'écria Anselme! — Mon frère est mort assassiné! Le saviez-vous, Silvino? — Je savais qu'il était mort. — Rien de plus? — Qui aurait pu m'en apprendre davantage? les assassins prennent rarement des confidens.

— Cependant on assure que celui du duc avait une entière confiance en la duchesse et cette jeune Elisa qui se dit fille du prince del Monte-Ténero. — Et qui l'est bien certainement, dit Anselme. — Il l'a pourtant reniée, et a dit qu'il ne pouvait y avoir aucun rapport entre sa fille et des brigands. Cette renonciation, une lettre d'Anselme à la duchesse, tombée dans les mains des sbires, et un mouchoir ensanglanté appartenant au duc, et que l'on a trouvé dans les souterrains lorsque l'on a enlevé Elisa, sont devenus des preuves irrécusables; et elle a été condamnée tout d'une voix, ainsi que la duchesse. Jugez de mon désespoir, en voyant mon amie, ma protectrice, celle de mon fils Dominico, traînée dans un cachot d'où elle ne sortira que pour aller à la mort.

Au moment où j'ai reçu la lettre d'Alonzo, j'ai pensé que comme seul héritier du duc, il avait plus droit que personne à suspendre ces poursuites contre ses meurtriers. J'avoue que je ne puis croire que la duchesse soit coupable.— Ah! ne perdons pas un instant, dit Alonzo ; et déjà Anselme aidait Bigaï à seller les chevaux. Dominico qui n'avait à tout cela d'autre intérêt que celui de son frère, repassait en silence tout ce qu'avait dit sa mère, et croyait y voir la certitude que Silvino était coupable et seul coupable. Mais il n'en était pas moins très-occupé, en sauvant, s'il en était encore temps, ses victimes, de le soustraire au glaive des lois. Ceux qui ont la stoïque vertu de voir périr leurs amis pour satisfaire la justice, sans rien faire pour les sauver, n'ont aucune idée de la tendre amitié qui unissait les trois frères.

Tandis que tout se disposait pour le départ, Dominico entraîna Silvino sous un ombrage épais qui se trouvait près de la maison. Là il se jette à ses genoux, les mouille de ses larmes, et résiste aux efforts que fait Silvino pour le relever. — Non, je mourrai à tes pieds, lui dit-il, si je n'obtiens de toi la promesse de ne point aller à Ferrare. — Et pourquoi l'exiges-tu. — J'ai mes raisons ! permets que je ne les explique pas. — Et moi, si j'avais les miennes pour aller à Ferrare, ce ne serait pas, mon pauvre Dominico, tes tristes doléances qui m'empêcheraient de partir. Mais heureusement pour toi il n'entre point dans mes arrangemens de vous accompagner. — Ah ! je respire, lui dit son frère en le relevant et le serrant dans ses bras, conserve-toi pour des frères qui t'aiment plus qu'eux-mêmes. — Et quel danger penses-tu que j'aurais à courir si j'allais à Ferrare ? — L'affaire de Retegno, l'assassinat du duc : que sais-je ? — Quant à l'affaire de Retegno, je crois, comme l'a dit mon père, qu'avec sa protection il serait facile de la finir : pour celle de la mort du duc, si j'en étais coupable, t'imagines-tu que je laisserais périr deux femmes pour me mettre à l'abri du soupçon ? Quelle idée as-tu donc de l'âme de ton frère ! Mais je te le pardonne ; car avec un caractère timide et dissimulé comme le tien, on n'a pas d'idée distincte du crime ni de la vertu : mais pars, sois tranquille, et donne tous tes soins au trop sensible Anselme.

Celui-ci, pour qui les momens étaient des siècles, appelait ses frères pour partir, et ne concevait pas leur lenteur. Ils vinrent le joindre. Lorsque les dames furent montées sur leurs palefrois, Alonzo et Anselme sur les leurs, Bigaï amena aux deux autres moines leurs montures. — Il ne vient point, dit vivement Dominico ; il ne vient point. — Quoi ! Silvino, tu m'abandonnes, reprit aussitôt Anselme, tu restes ici quand je suis peut-être destiné à éprouver dans Ferrare un malheur dont la seule pensée me fait frissonner. — Il n'arrivera pas, c'est moi qui te l'assure. — Eh bien, alors tu ne veux point partager le bonheur que j'aurai à revoir Élisa et même la duchesse. — Je me le représente, et j'aime mieux peut-être attendre le dénouement, que d'y figurer ; et leur ayant pris la main, il rentra dans la maison.

On se met en marche ; chacun profondément occupé des événemens qui s'étaient succédés depuis peu d'heures, gardait le plus morne silence, quand à la croisée d'un chemin, Fansonetta s'approche d'Alonzo, lui remet une lettre, et, enlevant son cheval au grand galop, disparaît.

Tous la suivent des yeux avec la plus extrême surprise; et le père des trois moines, qui lisait la lettre de Fansonetta, avait seul le mot de l'énigme.

Mon fils, dit-il enfin à Dominico, votre mère m'apprend tout à la fois, et les torts qu'elle a eus avec moi, et la punition qu'elle s'impose. Je dois lui pardonner, quelque mal qu'elle m'ait fait, parce que je ne dois m'en prendre qu'à l'excès de son amour pour moi. Vous en jugerez mieux que je ne pourrais vous le dire en lisant sa lettre; et il la lui donna. La troupe s'arrêta un instant pour l'entendre.

Lettre de Fansonetta à Alonzo.

« Me pardonnerez-vous, ami que j'ai aimé plus que moi-même, et que j'aime encore au-delà des bornes que le devoir me prescrit, me pardonnerez-vous de vous avoir éloigné d'un monde dont vous eussiez été l'ornement, par un excès de jalousie si terrible, que si je vous eusse su dans la même ville que ma rivale, je l'aurais poignardée plutôt que de la laisser jouir tranquillement de votre tendresse ? Ce fut donc pour m'épargner un crime, que j'inventai les mensonges sans nombre sur la prétendue colère de votre frère, qui ne sut jamais que c'était vous qui aviez tenté d'enlever la duchesse. Elle vous croyait, ainsi que son époux, passé en Syrie, où ils pensaient que vous aviez reçu la mort. Votre confiance en moi ne vous permit pas de faire aucune information, d'après ce que je vous disais. Je vous ai laissé ensevelir dans un désert, où j'avais toujours le projet de vous rejoindre ; mais l'amour que j'avais pour mon fils me retenait à Ferrare, où j'espérais toujours qu'il viendrait se fixer ; et je pensais que si le duc mourait avant vous, qu'alors vous y viendriez aussi, imaginant que votre belle-sœur serait assez vieille pour que vous ne la voyiez alors qu'avec indifférence. Hélas ! de tout ce que j'avais désiré, rien n'a réussi. La mort du duc m'a plongée dans les plus mortelles angoisses ; je n'ai pu me dissimuler que mon fils et ses amis, que je ne savais pas alors être ses frères, étaient compromis : je ne pensai donc qu'à le sauver, en ne détruisant pas les soupçons qui s'élevèrent contre la duchesse et Élisa. J'ai peut-être, hélas ! à me reprocher sa mort et celle de l'amante d'Anselme.

« Tant de fautes, et la certitude que je vous suis entièrement indifférente, m'ont enfin dégoûtée d'un monde où je n'ai que des douleurs à pressentir. Je vais me retirer dans un couvent de l'ordre de saint Benoît, à quelques milles d'ici, où je vous prierai de m'informer de la suite de ces funestes événemens : puissent-ils se terminer d'une manière moins cruelle que l'on ne l'imaginait au moment de mon départ ! puissiez vous un jour être heureux et vous souvenir quelquefois de la pauvre Fansonetta, qui vous prie de ne pas punir le fils des fautes de sa mère !

« Je suis, etc. »

Si Alonzo ne fut que faiblement touché du parti que Fansonetta prenait, son fils y fut néanmoins très-sensible ; et s'il avait pu se résoudre à quitter Anselme dans la situation cruelle où les nouvelles qu'il avait reçues d'Elisa l'avaient plongé, il eût volé sur les traces de sa mère, et se serait opposé de tout son pouvoir à ses projets ; mais s'il ne la suivait pas aussitôt, il se promit bien, dès qu'il serait à Ferrare, de lui écrire, et d'obtenir qu'elle ne prononcerait point de vœux qu'il ne l'eût revue. C'était un bon fils, un bon frère, un bon ami que Dominico, mais un mauvais moine ; et cependant il était enchaîné pour toujours à cet état dont les anges seuls pourraient remplir les obligations, et Dominico n'était qu'un homme que la société habituelle de Silvino avait entièrement écarté de ses devoirs ; mais il commençait à se lasser de la vie désordonnée qu'il avait menée jusque-là, et il se disait : Si Anselme est assez heureux pour arracher Elisa et la duchesse à la mort, il s'établira dans le palais de notre père. Ma mère reviendra dans ma ville natale : j'aiderai Silvino à passer dans une terre étrangère, où ses richesses le rendront heureux ; moi, je me retirerai dans l'abbaye de mon ordre, et je vivrai suivant la règle, autant que l'humaine faiblesse me le permettra, au moins sans scandale. C'est ainsi que le prudent Dominico arrangeait sa destinée.

Pour Alonzo et son fils, leurs âmes trop ardentes ne pouvaient suffire aux tourmens dont elles étaient déchirées : il n'est point de paroles pour exprimer de semblables douleurs. Penser que chaque instant peut être le dernier de celle qu'on aime: voir planer sur leurs têtes chéries l'ange de la mort, sous l'image la plus cruelle, il faut au moins avoir ressenti la crainte de pareils malheurs, pour avoir quelque idée de ce que souffraient Alonzo et son fils. Eléonore partageait leur douleur ; Anselme était l'objet le plus cher de ses affections. Ce qui lui causait un si violent désespoir, ne pouvait qu'être senti vivement par cette âme aimante. Le sort de la duchesse ne lui était point indifférent ; les soins qu'elle avait eus d'Anselme la lui rendaient chère.

Elle pressait donc la marche de son cheval, et eût voulu être aux portes de Ferrare.

D'un autre côté, Clémentina et Bigaï, moins bien montés, restaient un peu en arrière; et comme ils ne comprenaient pas grand chose à tout ce qu'ils avaient entendu, ils cessèrent de s'en occuper. L'amoureux Bigaï, qui regardait déjà Clémentina comme sa femme, voulait être instruit dans le plus grand détail de tout ce qu'elle pouvait lui dire de sa vie, depuis son mariage jusqu'à ce moment.

Le résultat, c'est qu'elle avait toujours été une femme vertueuse, à ce qu'elle disait; et à la petite anecdote près du seigneur Alonzo, elle avait été aussi chaste que femme puisse l'être. Bigaï, qui ne se souciait pas que l'on fît aucune réflexion sur la cause de sa richesse, n'était pas difficile en preuves de la vertu de l'aventurière; mais ce qui l'étonnait, c'est qu'après avoir été bien établie à Ferrare, elle se trouvait fille suivante de mademoiselle de Mercœur.

Elle lui raconta tous les désastres de la fortune de son mari, sans en accuser Silvino. Réduite, dit-elle, à la misère lors de la mort de Petro Pezzali, je vis qu'il m'était impossible de rester dans mon pays. Madame la comtesse de Graville, qui retournait en France, venait de perdre sa femme de chambre, qui était morte en trois jours. Je lui avais vendu quelques bijoux que j'avais arrachés à la rapacité des gens de justice. Ma tournure lui plaisait, et elle me traitait avec toutes sortes de bontés.

Un jour elle me vit très-triste : je lui en dis la raison, et elle convint de la nécessité que je trouvasse une place. Elle ajouta même : Si vous voulez venir avec moi, vous serez heureuse et tranquille ; Constance vient de mourir, et je vous offre de remplir ses fonctions auprès de moi. Je l'acceptai avec le plus extrême plaisir : je quittai l'Italie et passai en France avec ma maîtresse, qui me tint la parole qu'elle avait daigné me donner, et me comblait de bienfaits, quand le ciel qui voulait me faire expier par un chagrin vif des péchés dont à peine je me souvenais, appela à lui la bonne comtesse. Elle était cousine germaine de mademoiselle de Mercœur, à qui elle me recommanda; et je trouvai près d'elle les mêmes agrémens dont j'avais joui chez sa parente.

Voyez, dit Bigaï après avoir réfléchi, comme les choses s'arrangent. Si vous n'aviez pas été ruinée, vous n'eussiez pas été en France; si vous n'aviez pas été en France, vous ne seriez pas entrée, à la mort de madame la comtesse de Graville, chez mademoiselle Mercœur, vous ne seriez pas venue avec elle dans les Appenins, et je n'aurais pas eu le bonheur de vous y voir, et de vous offrir ma main et ma petite fortune, qui vaut bien, sans la mépriser, celle qu'avait le seigneur Pezzali avant qu'il fût ruiné. — Cela est vrai, Seigneur Bigaï; mais, malgré tout ce que vous pouvez m'offrir, il n'en est pas moins certain que j'aurais été parfaitement heureuse si mon cher Silvino eût voulu être tout uniment un bon sujet. Je n'aurais pas été si riche que je le serai en épousant votre seigneurie, mais je n'aurais pas acheté cette fortune par quinze ans de chagrins et d'inquiétudes, qui ne sont pas encore dissipés; car je ne sais, mais je trouve dans la physionomie de Silvino quelque chose qui m'alarme. — Ce n'est rien, signora, rien du tout : cet air sombre est la preuve d'un génie supérieur qui s'occupe de choses importantes. La gaîté est celle d'un caractère léger; et je conclus de là que votre fils est un homme d'un mérite distingué. — Très-bien, mais je le répète, avec moins de génie, il m'eût rendue plus heureuse. Ils parlèrent ainsi jusqu'aux portes de Ferrare.

Dans une ville où la population n'est pas très-considérable, s'il se passe un événement qui attire la multitude sur la principale place, les rues qui avoisinent les portes sont désertes : il semble que les habitans l'ont abandonnée. Anselme fut frappé de cette solitude en entrant dans la ville natale de son père, et en conçut un soupçon funeste. Oh, mon Dieu ! dit-il à Alonzo, si vos concitoyens avaient quitté leurs demeures pour...... Il ne put achever, sa langue se glaça....... Il est des pensées que l'on ne peut articuler sans horreur. Elles naissent malgré nous, mais rien ne pourrait nous forcer à les prononcer. Telle était celle qui déchirait l'âme d'Anselme.

Jusqu'à ce moment il avait pressé son cheval au-delà de ses forces ; mais à présent, s'il s'en croyait, il l'empêcherait d'avancer ; et tourmenté entre la crainte, en n'arrivant pas assez tôt, d'être cause de la mort de celles qui lui sont si chères, et l'effroi d'être témoin de l'affreux supplice, il n'a plus la force de distinguer ce qu'il veut ou ne veut pas ; cependant il suit machinalement les chevaux de ses amis, dans une anxiété qui ne pouvait durer sans le conduire à la mort.

Alonzo qui d'abord ne la partageait pas, est frappé plus vivement que son fils, quand, en approchant de la place, il en voit les avenues couvertes d'une multitude qui se presse pour y aborder. En vain Alonzo et son fils voudraient avancer, partout ils trouvent un obstacle insurmontable pour des âmes sensibles ; celui de ne pouvoir se hâter, sans s'exposer à blesser peut-être mortellement ceux qui les environnent. Le peuple paraît si occupé de l'objet qui le rassemble, qu'il ne fait aucune attention aux voyageurs, et, serrant de toutes parts leurs chevaux, les entraîne en quelque sorte dans ses flots tumultueux. Ils approchent. Dieux ! quel aspect se présente à leurs regards effrayés ! — Un échafaud ! s'écrie d'une voix sombre Alonzo. — Si le crime est consommé, s'écrie Anselme, je n'ai plus qu'à mourir; et il tirait sa dague pour s'en percer le sein, quand tout à coup des cris se font entendre : c'étaient la duchesse et Elisa qui montaient les degrés de l'estrade, où deux billots attendaient les victimes. Les exécuteurs voulurent les aider à franchir la dernière marche; mais la duchesse leur fait signe de ne pas approcher, et ils se retirent avec le respect que la beauté et le souvenir d'un rang illustre impriment même sur l'échafaud.

Elisa, la timide Elisa, tremblante, éperdue, cherche un appui que sa compagne lui présente : la plaçant à côté d'elle, elle la rassure, la console; et, élevant la voix, s'adresse au peuple en ces termes :

Vous qui m'avez vu naître, quelle est l'action de ma vie qui ait pu vous donner l'idée que je pusse être coupable de l'attentat pour lequel je vais périr, ainsi que cette infortunée, que je crois aussi innocente que moi? Et laisserez-vous mourir des femmes......... Elle n'eut pas le temps d'en dire davantage. Un grand mouvement qu'elle aperçut assez près de l'échafaud la force à y porter ses regards, et elle vit Alonzo et Anselme faisant les derniers efforts pour arriver jusqu'à elles. Elisa reconnaît son amant, et s'évanouit de crainte et de plaisir. La duchesse cherche à la rendre à la vie, quand tout à coup un homme, que dis-je? un être surnaturel, se fait jour à travers la foule qui environne l'instrument de mort. Il parvient, malgré les gardes qu'il renverse, à monter les fatals degrés.

Cet homme dont les regards inspirent la crainte et l'admiration, prend les deux victimes dans ses bras; et s'adressant aux spectateurs, il leur dit: Je vous défends d'approcher de ces êtres célestes qui n'auraient jamais dû sans moi connaître cet appareil horrible. Elles sont innocentes; j'en atteste le ciel : moi seul ai trempé mes mains dans le sang du duc, sans cependant en avoir eu l'intention. N'importe, je suis coupable dès que le meurtre est prouvé : mais je suis incapable de laisser périr ces innocentes et vertueuses créatures, que je mets sous la sauve-garde de la loyauté de leurs concitoyens.

A peine avait-il parlé, qu'Anselme et Alonzo parvenus enfin jusqu'à l'échafaud, reçoivent des mains de Silvino leurs amies, sans que l'on tentât de les leur enlever. Silvino reconnu, il n'est plus douteux que c'est lui qui a assassiné le duc. On veut s'emparer de lui. Alors commence un nouveau combat. Anselme remet Elisa dans les bras d'Eléonore; et se joignant à Dominico qui déjà faisait un rempart de son corps à son frère, s'arme d'un fer menaçant, et déclare qu'il ne laissera pas charger de chaînes son frère, le plus cher objet de sa tendre amitié.

Laisse, laisse, lui disait Silvino, ils ne peuvent avoir aucun pouvoir sur moi ; et apercevant sa mère que Bigaï retenait à peine : — Eloignez-vous, éloignez-vous, ma mère, lui dit-il, oubliez un malheureux qui a causé tous vos désastres : que Bigaï vous console ; et si mon souvenir s'unit encore à celui de cette Rosa qui m'a conduit dans l'abîme par ses séductions, apprenez qu'elle n'est plus. Celui avec qui elle avait partagé mes dépouilles, pour en jouir seul, l'a précipitée dans un étang, d'où en me rendant ici, je l'ai vue retirer sans vie. Vous, mon père, pardonnez-moi la mort de votre frère : j'en suis coupable, il est vrai ; mais il fut l'aggresseur et exposa sa vie pour de viles pierreries, qu'il a plu aux hommes de nommer précieuses. Cependant, comme elles ont une valeur qui, toute idéale qu'elle est, peut avoir son utilité, je déclare que vous trouverez les deux sacs qui appartenaient au duc, au pied du premier arbre du chemin qui mène à la chapelle Sainte-Agnès.

Plus ses déclarations devenaient précises, plus on voulait s'emparer de lui; mais ses deux frères, plus terribles qu'une lionne à qui l'on voudrait enlever ses petits, le couvraient entièrement de leurs corps. — Non, non, disaient-ils, tu ne périras pas seul. — Et ne le dois-je pas, reprenait Silvino, puisque je suis seul coupable. Alonzo éperdu, prêt à voir tomber sous la hache la tête de ses trois fils, était livré aux plus violentes douleurs, qui ne pouvaient cependant être comparables à celles de la duchesse et d'Elisa; car l'amour, s'il n'est pas le plus constant des sentimens, en est le plus vif.

Il est temps, dit enfin Silvino, de faire finir ces combats qui épuisent inutilement vos forces : croyez-vous, mes amis, que je me fusse exposé à l'horreur de périr sur un échafaud, en venant remplir un devoir sacré, celui de sauver l'innocence. Non, vous ne le pensez pas, ou vous connaissez bien peu l'âme de votre ami. — Que veux-tu dire, malheureux, interrompit tristement Anselme : qu'as-tu fait ? — Ce que je devais, adieu ; et tout à coup une sueur froide couvre le front de Silvino, ses membres se roidissent. Il tombe enfin dans les bras de ses frères, sans chaleur et sans vie.

Rien ne peut exprimer le désespoir de ses frères ; ils le serrent contre eux, et semblent vouloir le ranimer par leurs vives étreintes ; mais c'était inutilement : un poison destructeur avait circulé dans ses veines, et Silvino portait la mort dans son sein lorsqu'il venait y arracher la duchesse et l'amante de son frère. Les habitans de Ferrare qui avaient connu l'union de ces trois jeunes gens, ne pouvaient s'empêcher de les plaindre, et prodiguaient aux deux que la mort avait épargnés les témoignages du plus tendre intérêt. Mais il ne fut pas possible de les séparer des restes de leur malheureux ami, et il fallut que l'on consentît qu'ils fussent transportés dans le palais d'Alonzo qui s'était fait reconnaître pour frère et seul héritier du duc. Il obtint que toute procédure fût abolie, et satisfit aux mânes de son frère par des prières publiques.

Quand les premiers mouvemens du désespoir des deux frères furent calmés, Anselme s'occupa d'Elisa, qui devait à Eléonore d'avoir pu survivre aux secousses terribles qu'elle avait éprouvées. Mademoiselle de Mercœur avait plus fait encore ; elle avait fait partir un courrier chargé d'une lettre pour le prince del Monte-Tenero, qu'elle avait connu à son premier voyage en Italie, où elle lui rendait un compte détaillé des événemens extraordinaires qui s'étaient succédés avec une incroyable rapidité, et elle l'engageait à venir consoler sa fille du chagrin cruel qu'il lui avait causé en la renonçant.

Alonzo n'avait pu revoir la duchesse sans la plus vive émotion. Que ne lui était-il permis de mettre à ses pieds sa liberté : mais il ne pouvait plus en disposer, dès qu'Eléonore réclamait sa promesse. D'ailleurs, ne savait-il pas qu'Anselme..... Il fallut donc dissimuler des sentimens qu'au surplus la duchesse paraissait ne plus partager, et s'en tenir à être avec elle dans les termes de l'amitié que l'alliance qui existait entre eux autorisait. Mademoiselle de Mercœur, qui était très-empressée d'assurer l'état d'Anselme, épousa dès le lendemain Alonzo, devenu duc de **, et assura à son fils son immense fortune.

Cette cérémonie se fit sans aucun éclat. La profonde douleur des deux fils d'Alonzo ne pouvait plus permettre qu'ils se livrassent aux plaisirs d'une fête. Comme on sortait de la chapelle, on vint avertir que le prince était arrivé au palais : on se rendit aussitôt dans la grande salle, où la duchesse douairière, qui n'était point au mariage, l'avait déjà reçu.

Anselme et Élisa voulurent se précipiter à ses pieds, il les en empêcha. — C'est moi, dit-il, qui ai été coupable et qui aurais dû ne pas juger si légèrement la conduite de ma fille bien-aimée. — Nous sommes trop heureux, reprirent-ils, que vous vous reprochiez ce tort, pour oublier les nôtres. — Oublieras-tu aussi ton ami Alonzo, dit le père des trois moines en se précipitant dans les bras du prince? — Alonzo, s'écria ce dernier, cher Alonzo! c'est toi que je revois : ne trouble pas la joie que j'ai éprouvée en réclamant ta promesse pour ton fils ; tu vois que ma fille a disposé de son cœur en faveur de ce jeune homme, et je te crois trop de délicatesse pour vouloir son malheur.— Je veux au contraire qu'elle soit parfaitement heureuse en épousant celui qu'elle aime et à qui tu l'as promise : mon fils ! Anselme enfin. — Anselme est ton fils ? — Et celui d'Eléonore de Mercœur qui est ma femme.— Une aussi brillante alliance, répondit le prince, surpasse mes espérances et assure mon bonheur, puisque rien ne nous séparera plus : et il demanda l'explication de ces prodiges. Alonzo s'empressa de le satisfaire. Le prince s'occupa dès l'instant de la validité de la protestation d'Anselme : elle fut trouvée en règle et ses vœux annullés, et l'on convint que son mariage avec la belle Elisa aurait lieu dans sept à huit jours.

Dominico profita de cet intervalle pour aller voir sa mère, qui fut inébranlable dans sa résolution. Il avait été chargé de rapporter les sacs de pierreries qui se trouvèrent où le malheureux Silvino les avait indiqués ; et, d'après les intentions de son père, Dominico en donna une partie à Fansonetta pour orner les vases sacrés de l'abbaye, où sa dot fut richement payée.

Alonzo, qui voulait au moins que Dominico ne fût plus astreint aux tristes règles monastiques, obtint du pape qu'il fût nommé archevêque *in partibus*, lui donna un superbe appartement dans le palais et une pension considérable qui le mettait à même de soutenir son rang. Ainsi, le duc Alonzo, la duchesse Eléonore, leur fils Anselme, la charmante Elisa, la duchesse douairière et l'archevêque occupèrent ce magnifique palais, où les deux frères cherchèrent toujours, mais inutilement, leur cher Silvino, dont la mère épousa Bigaï, avec lequel elle alla habiter la vallée de **, dans les Appenins.

CONCLUSION.

Il parut pendant quelque temps que le ciel s'était borné, pour la punition des coupables, au seul effroi qu'ils avaient éprouvé et à la douleur renaissante que leur causait la mort de Silvino ; mais la justice divine, lente parce qu'elle est certaine, leur prépara des châtimens qui, pour la plupart, les rappelèrent à un sincère repentir. Alonzo, qui n'avait épousé mademoiselle de Mercœur que par bon procédé, lui trouva un caractère difficile à vivre, comme le sien lui était désagréable ; et les querelles intérieures de cette maison leur rendirent la vie si insupportable, qu'elles abrégèrent leurs jours. La duchesse douairière, qui avait conservé un tendre intérêt à Anselme, éprouva un tel chagrin de son mariage, qu'elle quitta entièrement le monde, et se retira dans le même couvent que Fansonetta, où elle vécut sous les plus austères lois monastiques.

Dominico eût été heureux près de son frère, si des attaques de goutte presque continuelles ne l'eussent forcé à reconnaître que les excès dans la jeunesse sont punis dès ce monde par les infirmités souvent prématurées de la vieillesse.

La tendre Elisa, toujours simple et vertueuse, adorait son époux, mais elle avait la douleur de voir que rien ne le consolait de la mort de Silvino, et elle n'eut point la consolation de lui donner d'héritier ; ce qui engagea le duc Anselme d'employer une grande partie de ses biens à fonder des hospices pour y recevoir les voyageurs et les préserver des brigands. Souvent on vit Elisa et son époux y servir eux-mêmes les malades ou ceux qui avaient été blessés par les voleurs. Ainsi ils expièrent, autant qu'il était en eux, les crimes de Silvino. Quant à Bigaï et à Clémentina, ils ne furent pas à peine arrivés dans leur belle retraite, qu'ils y furent attaqués par les hommes de Retegno, qui les égorgèrent et s'emparèrent de leurs richesses, dont ceux-ci à leur tour furent dépouillés par la justice qui les livra à la rigueur des lois.

FIN DU TOME SECOND ET DERNIER.

www.ingramcontent.com/pod-product-compliance
Lightning Source LLC
Chambersburg PA
CBHW071950110426
42744CB00030B/736